平《びょう》常《じょう》心《しん》の心得

曹洞宗徳雄山建功寺住職
枡野俊明

SOGO HOREI PUBLISHING CO., LTD

はじめに

人は日々、多種多様なものごとと出会い、経験を重ねるなかで、さまざまな感情を抱きます。感情は行動や発言にも影響をおよぼします。悲しみにとらわれて、なにも手につかなくなったり、怒りがこみ上げて、荒々しい言葉をぶつけたり、といったことは誰にでもあるのではないでしょうか。

やっかいなのは、それが仕事のうまくいかない原因となったり、人間関係をギクシャクさせたりすることもあるということです。そこで大切になるのが、湧き上がった感情をいつまでも引きずらないこと、いたずらに感情に振りまわされないことです。

そうするためのヒントは禅にあります。みなさんは、修行を積んだ禅僧に対してこんなイメージを持っていませんか？

「いつも穏やかで、ものごとに動じることがなく、泰然自若《たいぜんじじゃく》としている」

たしかに、そうした風情、佇まいの禅僧は少なくないかもしれません。しかし、禅僧も人間ですから、常に感情は抱いているのです。違いがあるとすれば、すぐさま「平常心《びょうじょうしん》」に立ち戻ることができる、というところではないでしょうか。

怒りの感情が湧いても、いつまでもその状態にいるのではなく、穏やかな心（平常心）に戻ってくることができる。そのしなやかさが心に備わっている、という言い方ができるかもしれません。

心のしなやかさは禅の実践で培われます。禅によるものごとの見方、考え方、受けとめ方をして、禅の教えに則って行動する。それが禅の実践であり、禅僧の生き方そのものです。

そんな生き方は別世界のものと考えるかもしれませんが、けっしてそんなことはありません。みなさんがふつうに送っている日常生活に、いつからでも取り入れることができるのです。

禅の教えが凝縮されているのが「禅語」です。禅の祖師方《そしかた》は長きにわたって厳しい修行をするなかで、みずから気づいたこと、会得した心の境地を、禅語として表現してきました。言葉を換えれば、禅の智慧がぎっしりと詰まっている珠玉の言葉。それが禅語なのです。

本書で試みたのは、誰もが日常的に直面する、感情に振りまわされそうな場面で、どう対応したらいいか、どのようにしていち早く平常心に立ち戻るか……を禅語のなかに探るということです。

・深い悲しみで、前向きな行動ができない、そこから踏み出せない。
・心の余裕を失って、なにから取り掛かればいいかも分からない。
・寂しさが拭えず、一人取り残された気分になる。
・腹が立って、冷静にふるまえない。
・やる気がなく、ずっと停滞している。
・落ち込んでしまって、みじめになるばかりだ。
・焦って、空回りばかりしている。

そんな状況から脱する方法を禅語が教えています。なにも難しいことではありません。ちょっとした禅の発想が、脱出の道筋を、平常心に戻る術を、はっきりと示してくれるのです。

「禅即行動《ぜんそくこうどう》」という言葉がありますが、禅は行動をなにより重んじています。とにかく、実践あるのみです。実践を続けることによって、必ず、しなやかな心が備わってきます。

仕事を成功に導き、人間関係をスッキリと風通しのよいものにし、人生を豊かに、また、幸福にしてくれる。その根幹となるのがしなやかな心、平常心だとわたしは考えています。さあ、その心を手に入れ、磨いてください。

目次

第1章 「悲しさ」から脱する

第2章

「一杯一杯」から脱する

第3章

「寂しさ」から脱する

第4章

「怒り」から脱する

第5章

「やる気が出ない」から脱する

第6章

「落胆」から脱する

第7章

「焦り」から脱する

ブックデザイン／和全（Studio Wazen）
編集協力／コアワークス
本文ＤＴＰ／横内俊彦
校正／池田研一

第1章

「悲しさ」から脱する

両忘《りょうぼう》

これはいい、これは悪い、これは好き、これは嫌い……といった見方、考え方は、自分の中の「ものさし」。そこから離れなさい、ということ。

人は自分のなかに「ものさし」を持っています。そのものさしに照らしてものごとを見たり、判断したりしているのです。みなさんには初対面の人と接したときに、その人のふるまい、たとえば、音を立ててコーヒーカップをソーサーに置いたりするのを見て、「ああ、この人はがさつな人だ」という印象を持ったりしませんか？

それがまさにものさし。「荒っぽいふるまい＝がさつな人」という自分のものさしで相手を判断しているのです。しかし、世の中には、少々、ふるまいがていねいさを欠いていても、ナイーブな心を持っている人は、いくらでもいます。ものさしにとらわれていたら、そのナイーブさを感じとることができるでしょうか？ できないと思うのです。「両忘」という禅語は、自分のものさし、すなわち、いい・悪い、好き・嫌い、好ましい・好ましくない、といった自分のなかの判断基準を忘れなさい、と教えています。

忘れることで心は自由になります。

人は日々さまざまな経験をしています。その一つひとつの経験の積み重ねで、人生は紡がれていきます。もちろん、経験のなかには悲しみをもたらすものもある。

喜怒哀楽は自然に湧き起こってくる感情ですから、それを抱くのは当然ですし、人間らしさもそこにあるのです。ただし、いつまでも悲しみにとらわれていると、心がペシャンコになってしまい、前に踏み出せなくなったりするのではありませんか？

なにかを経験して、それを悲しいと捉えるのも、やはり、ものさしだと思います。可愛がっていたペットが死んでしまった。「ペットロス」という言葉もあるくらいですから、誰でも悲しみに襲われるでしょう。

しかし、ペットがそばにいることが幸せ、いなくなってしまうことが悲しみ、というものさしにいつまでもとらわれていたら、悲しみが長く尾を引きます。癒えるまでに時間がかかります。

そのものさしを忘れたら、ペットとともに暮らした時間も、いなくなったいまの時間も、幸せ、悲しみ、ということを超えて、そのままに受けとめられるのではないでしょうか。

「そばにいるときは、思いきり可愛がってあげられたし、充実した日々だったなぁ。でも、いなくなったいまも、最後まで看取ってあげたという満足感もあるし、いい思い出をいっぱい残してくれたから、それがまた別の充実感につながっている」

ものさしから自由になった心なら、そんなふうにも考えることができるのではないでしょうか？　これが、「両忘」を実践している姿だといっていいでしょう。

悲しみに出会ったら、ぜひ、「両忘」という禅語を思い出してください。そして、即行動。実践していきましょう。

ものさしはどこかで自分を縛ってしまう。
それを忘れて、自由な心で、状況をそのまま受けとめ、充実して生きよう。

一行三昧《いちぎょうざんまい》

常にそのことに、ひたすら、心を注いで取り組む。余計な考えにとらわれることなく、感情や思いを味わう。まっすぐ一つのことをやることが大切である。

「三昧」という言葉は一般にも使われています。仕事三昧、読書三昧、ゴルフ三昧……。その意味は、仕事なら仕事、ゴルフならゴルフ、とそのときやっていることにありったけの心を注ぐということです。

その三昧と「常に一直心《いちじきしん》を行《ぎょう》ず」という言葉が結びついたのが「一行三昧」です。「直心《じきしん》」とはまっすぐな心ということ。ですからこれは、いつもまっすぐな心で、一つのことを、やっていきなさい、ということになります。

すなわち、余計なことを考えず、まっすぐな心のすべてを注ぎ込んで、そのときどきの自分のやるべきことにあたりなさい、というのが「一行三昧」全体の意味です。

しかし、人はこれがなかなかできない。仕事をしながら、退社後の飲み会（遊び）のことを考える。あるいは、逆に遊びに興じていながら、翌日の会議（仕事）のことが頭をよぎる、といったことは誰にでも経験のあることではないでしょうか。

悲しみのなかにいるときは、「一行三昧」で、その悲しみに全身全霊を投じればいいのですが、つい余計なことが心に入り込んできて、そうはできなくなるのです。

「ここで涙を流したら、周囲の人たちに情けない人間だと見られやしないだろうか」

「こういうときこそ、取り乱してはいけないのだ。ここで平静を保つかどうかで、人としての器量が問われる」

いわゆる、あたりを憚《はばか》る、周囲の目、世間体を気にするわけです。その結果、無理をして気丈にふるまったり、悲しみを必死に押し殺したりすることになるのです。

じつはそのことが、悲しみから立ち直る〝邪魔〟をしていることに気づいてください。悲しいときはとことん悲しむ。禅では「悲しみと一つ（一体）になる」という言い方をしますが、悲しかったら涙を流しきればいいのです。悲しみにひたりきったらいい。

やりきることで気持ちが切り替わります。良寛《りょうかん》さんのこんな言葉があります。

「災難に逢う時節には災難に逢うがよく候」

良寛さんは、それが、災難を逃れる妙法（もっとも優れた方法）だとおっしゃっています。災難を逃れるとは、災難に押し潰されないということでもあるでしょう。

悲しみも同じです。悲しみを誤魔化したりせず、真っ正面から受けとめて、その悲しみにひたりきる。そこから次なる道が開かれていくのです。

悲しみを乗り越えたという経験を、自分が生きるうえでの指針、あるいは、糧にする。それが次なる道です。自分の気持ちを誤魔化し、悲しみと中途半端にしか向き合わなかったら、その経験が指針になることも、糧になることもけっしてないのです。

悲しいときは、「もう、これでいい」というところまで悲しみきろう。
それが、悲しみを人生に活かす〝妙法〟。

非思量《ひしりょう》

考えるから心が騒ぐ。周りと比べて考えてもなにも変わらない。だから、考えないこと。自分ができることを精一杯やることが大切である。

「友がみな　我より偉く　見ゆる日よ　花を買ひ来て　妻としたしむ」

夭折《ようせつ》の詩人、石川啄木《いしかわたくぼく》の『一握《いちあく》の砂』に収められた作品の一つです。「わかるなぁ」と頷かれた人も少なくないのではありませんか？

周囲の友人たちに比べて、なぜか、自分が劣っていると感じてしまう、ちっぽけな人間かのように思われてならない。そんなことは誰にでもありそうです。そして、悲哀がやってくる。悲しく、切ない思いになるのです。なぜ、そうなってしまうのでしょう。考えるからです。もっといえば、自分を誰かと比較して考えるからです。

社内でいつも表舞台に立っているという人はどんな企業にもいるものです。その人と自分を比べる。

「同期なのに彼にはいつも華やかな仕事が与えられている。それに比べてこの自分には、〝縁の下の力持ち〟的な仕事しかこない。なんて不公平なんだ。切ないったらありゃしない」

同じことがプライベートな場面でも起こります。

「彼女はいつも素敵な男友だちに囲まれている。わたしといったら、あまり声をかけてくれる男性もいない。なんだか悲しくなっちゃうわ」

いずれも、比較がもたらす切なさであり、悲しみでしょう。花形の彼と比べてわが身を考えるから、切なさばかりが募る。モテる彼女と比較して自分のことを思うから、悲しみが押し寄せるのです。

ここで一つ質問です。

「誰かと自分を比べて考えたら、自分がどうにかなるのでしょうか？　自分になんらかの変化が起きますか？」

答えははっきりしていますね。「NO」です。花形の彼といくら比較して考えたところで、自分が花形になることはありません。異性に人気がある彼女と自分をどんなに比較考察したって、一気に男性が自分のまわりに集まることなどないのです。

気づきませんか？　誰かとの比較で自分を考えることは、なにひとつもたらさない。自分は少しも変わらず、相変わらず、そのままでしかない……ということに。

そうであったら、考えないことです。考えなければ悲哀にとらわれることもないのです。そのうえで、自分のできることを精一杯やる。縁の下の力持ちでいいではないですか。それをコツコツやっていれば、必ず、見てくれている人がいます。

「このプロジェクトの成功で見逃してはならないのは彼のサポートだよ。あの徹底したサポートがあったから、この結果があるんだ。ほんとうの功労者は彼だね」

そんなふうに、余人をもって代えがたい存在感が認められるようになるのです。考えても意味がないことは考えない。「非思量」をしっかり胸に刻んでください。

人と比較して考えることは悲哀のタネを蒔いているのと同じ。できることを精一杯やり続けて、存在感を高めよう。

柳緑花紅《やなぎはみどりはなはくれない》

柳が緑であるのも、花が紅に咲くのも、あるがままの自然の姿である。その姿に真理（仏法）があらわれている、ということ。

お釈迦様は「生老病死」の四つを「四苦《しく》」とされました。命をいただいたものは、この四苦を避けて通ることはできません。なかでも老いや病気は悲嘆の対象にもなりそうです。

「めっきり体力がなくなって、仕事の無理がきかなくなった。三〇代の頃の元気があれば、仕事でもっと成果が出せるのに……」

「よりによって自分が病気になるなんて。こんな状態ではやりたいこともできやしない」

老いや病気を嘆き悲しんでいる状態です。しかし、老いて体力が衰えた自分も、病の床に伏している自分も、そのときのあるがままの自然の姿なのです。真理を映し出している姿といってもいいでしょう。

それに抗って若さを求めたり、健康に思いを馳《は》せたりするから、苦しみが生まれ、悲しみや嘆きが口をついて出るのです。あるがままの自然の姿を受け容れる。まず、そのことが大事です。

老いを悲しむのは、それは若さを失ったことだと考えるからでしょう。病を嘆くのは、それは健康をなくしたことだと思うからです。禅語に引き寄せていえば、本来は緑の柳であった自分がそうではなくなった、紅に咲く花であった自分なのに色褪《あ》せてしまった、と捉えるからです。

しかし、そうではないのです。老いた自分も病を背負った自分も、緑の柳、紅の花であるという本質は少しも変わらないのです。ときの移ろいのなかでかたちは違ったものになっていても、それがそのときのあるがままの姿です。それ以外に受け容れるべき自分などありません。

そのうえで、老いや病気を乗り越えていく。五〇代、六〇代になれば、二〇代、三〇代の頃のような行動力はないかもしれません。しかし、その間に積み重ねた経験や知識、技術や知恵があります。

それを活かした生き方はさまざまにあるはずです。その方向に生き方の舵をきる。それが老いを乗り越えることだ、とわたしは思っています。

病気については、新渡戸稲造《にとべいなぞう》がこんなことを言っています。

「病床にも知恵あり」

病気になってはじめて健康のありがたさがわかるとよくいわれますが、それまで気づかなかった健康であることのありがたさが身にしみ、それに対する感謝の思いが湧いてくるということも、病床でこそ得られる知恵といっていいのではないでしょうか。

病気になって自分の人生の来し方行く末をじっくり考えることができた、他人の痛みがわかるようになった、熱中できる趣味が見つかった……。そんな人たちも少なくはありません。

どれも、出発点はあるがままの自分を受け容れる、というところにあります。老いや病に抗って、悲嘆にくれている暇はありません。できること、やるべきことは、たくさんあります。

どんな状況でも、そのときのあるがままの自分を受け容れる。
すると、できること、やるべきことが見つかる。

本来空寂《ほんらいくうじゃく》

人はなにも持たずに一人で生まれ、
なにも携えず一人で死んでいく。
生まれいずる処《ところ》も、帰っていく処
も、空寂の世界、すなわち、仏国土《ぶっこくど》
である、ということ。

人生のいちばんの悲しみは、両親をはじめ、配偶者、わが子、きょうだいなど親しい人の死でしょう。配偶者が亡くなり、その悲しみのあまり、ご遺骨を埋葬できず、ずっとそばに置いているという人もいます。

もちろん、そのことを咎《とが》めるつもりはありませんが、それが悲しみを癒やしてくれるかといったら、わたしは逆だと思います。悲しみはむしろ増幅するのではないでしょうか。

禅に「新帰元《しんきげん》」「新帰空《しんきくう》」という言葉があります。四十九日までの間、戒名につけるものですが、文字どおり、新たに「元（空）」に帰るということです。元（空）とは空寂の世界、仏国土です。

弘法大師空海《こうぼうだいしくうかい》さんのこんな歌があります。

「阿字《あじ》の子が　阿字のふるさと　立ち出でて　また立ち帰る　阿字のふるさと」

「阿字の子」がわたしたち人間のことであり、「阿字のふるさと」はそこから生まれ、また、そこに立ち帰る仏国土であることは、いうまでもないでしょう。

仏国土とはご先祖様たちが、仏様の教えに導かれて心穏やかに過ごされているところ、といってていいでしょう。死者はそこに帰っていくのです。

禅（仏教）では、この世でいただいた命は仏様からお預かりしたものと考えます。預かりものですから、この世でその命をまっとうしたら、また、仏様にお返しするのは至極当然のことですし、人はその〝使命〟を果たすために生きているのだ、という言い方ができるかもしれません。

誤解を怖れずにいえば、現世（この世）での暮らし（生）は〝仮の姿〟なのです。どれほど財を成そうが、名誉を手に入れようが、それは仮の姿ですから、仏国土にはなにひとつ持っていくことはできません。

もちろん、努力を重ねて財を成し、研鑽《けんさん》を積んで名誉を手中にする、ということはすばらしいことですが、仏国土にはそれらを一切合切《いっさいがっさい》手放して趣《おもむ》くのです。

話を戻しましょう。死は仏様に命をお返しするという使命を果たすことにほかなりません。遺《のこ》されたものにとって、それはいつまでも悲しむべきことでしょうか？

一時は悲しみにひたったとしても、故人にはこう伝えるのがもっともふさわしいのではないか、とわたしは思っています。

「立派に使命を果たされましたね。お疲れさまでした。わたしも一生懸命生きて、いつの日かあちらでお会いします」

そして、折に触れて故人のよき言葉やふるまいを思い出して、自分を律していく。それが遺徳《いとく》を継ぐということだと思います。

死は生あるものの必然です。誰もが等しく仏国土にいく。そのことを心得ていたら、いたずらに悲しむことはなくなると思いませんか？


お預かりした命をお返しするのが死。

感謝を込め「お疲れさまでした」で送ってあげよう。

夏炉冬扇《かろとうせん》

この世に無用なものなどない。いま必要ないと思われるものでも、必ず、役に立つときがやってくる。時機を読むことが大切、ということ。

暑い夏に炉は要りませんし、寒い冬に扇子など不必要に思えます。しかし、ときが移っていって、季節が入れ替われば、炉（冬）も扇子（夏）も必要不可欠なものになります。

この時代の人たちは一様に自己肯定感が低いといわれます。誰もが自分を認めることがヘタなのです。なかにはこんな人もいるでしょう。

「会社でやっていることといったら、雑用ばかり。意気揚々と成果を競っている人間もいるというのに、自分はなんの役にも立っていない。不甲斐ないかぎりじゃないか」

自己肯定感が持てない人の悲哀です。たしかに、仕事のなかで自分の立ち位置がないと感じることはあるかもしれません。しかしそれは、確固たる立ち位置を定める時機がまだきていないということなのです。

現在はどの企業も業態が多様化しています。新たな業務に打って出ることも珍しくはありません。その新天地でそれまで発揮できなかった能力が開花し、欠くことのできない人材になる可能性は、けっして少なくないと思うのです。

たとえば、プロ野球の世界でも、ずっとベンチを温めていた選手が、トレードで他球団に移り、主力をつとめる選手になった、という例は数えきれないほどあるのではないでしょうか。

そうした選手に共通しているのは、立ち位置がない間も、腐らず、嘆かず、自分ができる努力を怠らなかった、ということでしょう。〝ちっとも役に立たない〟自分を甘やかして、ロクに練習もしないというのでは、立ち位置をたしかなものにする時機など永遠にやってきません。

「雌伏《しふく》」という言葉があります。日の目を見ない状況のなかでも、実力を養いながら、活躍の機会をじっと待つ、という意味ですね。なにより大切なのがこの姿勢です。

さらにいえば、悲哀をヒシヒシと感じているという、そのつらい経験もじつは財産になるのです。悲哀をわが身、わが心で、実感することで、人の悲哀を理解できるようになる。

人生いつも順風満帆、まったくの悲哀知らず、で生きてきた人には、人の悲しみはわかりません。悲哀を体感していなければ、人の悲しみに寄り添うことはできないのです。

人の悲しみに寄り添える。その人間としての価値、器量は大きいと思いませんか？

「自分がほんとうに打ちひしがれていたとき、彼の存在ほどありがたかったものはないなぁ。とくに励ましの言葉をかけてくれたわけじゃないけれど、自分の悲しみを共有してくれていると感じることができた。彼に救われた思いだよ」

〝彼〟の優れた人間的な魅力は疑う余地がありません。「一皮むける」という表現があります。人は悲しみをくぐり抜けることで一皮も、二皮もむけます。

どのようにして時機を待つかが重要。
〝雌伏〟が時機を引き寄せる。

Column

悲しみにひたりきれば、必ず出口が見える

仏教では、喜怒哀楽の感情は生きている〝証〟である、と捉えます。ですから、悲しみの感情が湧いたら、それにひたりきればいいのです。気丈にふるまったり、踏ん張って堪《こら》えたりするのは、人の目を気にしているから、人を相手にしているからです。

悲しみを相手にするのは自分です。自分が悲しみととことん向き合う。わたしも父を亡くしたときはそれまで経験したことがない悲しみを感じました。そのとき決めたのは、「やることがあってもいまはやらない。気持ちが切り替わるまではやらない」ということでした。そして、禅では「悲しみと一枚になる」というのですが、二週間ほど悲しみだけを引き受けていました。

すると、気持ちが切り替わったのです。うなだれていた顔が正面を向けるようになった。父が遺したものを見つめ、それを自分のなかに引き継いで、生きるうえで活かしていこう。心がそんなふうに転じたのです。悲しみをくらましてはだめです。正面から向き合って、ひたりきればいいのです。

第2章
「一杯一杯」から脱する

八風吹不動天辺月《はっぷうふけどもどうぜずてんぺんのつき》

どんな風が吹こうと、月は流されることはない。その月のように、どんな状況にあっても微動だにしない心を持つことが大切である。

人生にもさまざまな風が吹きます。禅ではそれを「八風《はっぷう》」、すなわち、次のような風としています。利《り》（利益）、誉《よ》（誉れ）、称《しょう》（称賛）、楽《らく》（楽しみ）、衰《すい》（衰え）、毀《き》（けなし）、譏《き》（そしり）、苦《く》（苦しみ）。前の四つは好ましい風、いわゆる「順風」であり、後ろの四つはできれば避けたい風、「逆風」といっていいでしょう。

悩みが深まったり、身動きがとれなくなったりするのは、多くは逆風にさらされたときではないでしょうか。しかし、そのときに心も問われることになるのです。

なかには、逆風にあって心が縮こまってしまったり、袋小路に入り込んだようになってへたり込んでしまったり……。よくいう「一杯一杯」の状態になる人がいるかもしれません。

心が風に翻弄されている。これでは自分自身を見失うことになります。天辺の月のように動かない心、「不動心《ふどうしん》」を持つことが大切です。

そのためには規則正しい生活を積み重ねていくことです。修行を積んだ禅僧は泰然としてどんなことがあっても心が動じない、といわれたりしますが、それはまさしく規則正しい生活をしているからです。

修行がそれです。禅の修行は毎日、毎日、坐禅や読経《どきょう》、作務《さむ》（日常の作業）など同じことの繰り返しですから、これほど規則正しいことはありません。

それを続けていると、行動に迷いがなくなります。別の言い方をすれば、身体が勝手に動いてくれるのです。「坐禅をしよう」と考えなくても、心に思わなくても、スッと坐禅に入っていける。

それが心の余裕につながります。忙しいなかで、なにか突発的な事態、不測の事態が起きたときでも、心の余裕でさまざまな見方ができますから、的確な対応ができるのです。

みなさんでいえば、やっかいな仕事を抱えているときに、さらに難題を突きつけられるといったことがあるでしょう。「一杯一杯」になりそうな状況です。心に余裕がなければ、実際、そうなってしまうのでしょう。

しかし、心に余裕があれば、視野を広く持てますし、考えもしなやかになりますから、難題に対してもうまく対応していけるのです。

規則正しい生活の最大のポイントは朝の時間の過ごし方にある、とわたしは考えています。朝、少し早い一定の時間に起きる。起床時間が一定になれば、その後の時間配分も決まってきます。

朝食、新聞やテレビでの情報チェック、身支度など、朝にすべきことをスムーズな流れのなかでこなすことができるのです。規則正しい流れがルーティンになるといっていいかもしれません。

そうなったら、身体が勝手に動きます。心は煩わされず、自由で余裕を持てるのです。不動心は朝のルーティンで作られる。そういってもけっして過言ではありません。

不動心の〝もと〟である規則正しい生活のカギは朝。やるべきことをルーティンに固めよう。

行住坐臥《ぎょうじゅうざが》

「行住坐臥」とは「行く」「止まる」「座る」「横になる」の四つの動作のことで、日常のあらゆる立ち居ふるまいを意味する。禅はそのすべてが修行としている。

禅の修行といえば真っ先に思い浮かべるのが坐禅でしょう。しかし、禅では坐禅や読経はもちろん、寝ることも起きることも、顔を洗うことも食事をすることも、掃除など日常の作業も、すべて修行と捉えます。

ですから、坐禅には真剣に取り組む一方で、食事作法は疎《おろそ》かにするということは許されない。それでは修行にならないと考えるのです。坐禅に取り組むのと同じ気持ちで、食事をし、顔を洗い、寝起きをする……。それが修行の基本です。

では、真剣に修行に取り組むとはどういうことをいうのでしょう。そのことを、心を込めて、ていねいにおこなう。それに尽きます。多忙な現代人はその真逆をやっていることが多いのです。

たとえば、食事。テレビを見ながら、新聞を読みながら、パソコンをチェックしながら、食事をしていることはありませんか？　大半の人が「そういえば、やっている」と思い当たるのではないでしょうか？

そこに禅の心はありません。「～ながら」という流儀は、禅がもっとも戒《いまし》めるところなのです。

働いている人には、同時にいくつもの仕事を抱えて煮詰まってしまうということがあるようです。その要因として、この流儀が身についてしまっていることがあるのではないか、とわたしは見ています。

「この仕事を片づけなければいけないな。まてよ、あっちから手をつけたほうがいいかな。いやいや、やっぱりこれだ。ああ、なにからやればいいかわからなくなってきた」

この仕事を片づけようと思い〝ながら〟、あっちの仕事のことを考えている。まさしく「～ながら」で仕事に向き合っているわけでしょう。それで結局、気持ちばかりが急いて煮詰まり、どの仕事も手つかずのまま、無為に時間が過ぎていく、ということにもなるのです。

人は一度に一つのことしかできないのです。心を込めて、ていねいにやるとなったらなおさらです。そうであれば、目の前のことにとにかく着手するしかありませんね。

そこ（その仕事）に心を込めて、ていねいに取り組めば、自然に手順も見えてきますし、集中力も高まって、効率的に仕上げることができるのです。そして、きちんと一件落着してから、次の仕事に移って、同じように取り組めばいい。

これなら、たくさん抱えている仕事も、順次、確実に片づいていきますから、気持ちが煮詰まることはありませんし、ストレスになることもないはずです。

この〝禅の修行方式〟が身につくと、生活全般が変わってきます。それこそ食事も心を込めて、ていねいにするようになりますし、どんなことに対しても、それだけに集中できるようになります。

集中している心は乱れることがありません。そう、心穏やかに日々が送れるのです。


すべてのことを、心を込めて、ていねいにやる。

日常に禅の修行方式を持ち込もう。

脚下照顧《きゃっかしょうこ》

もともとは、脱いだ履きものをそろえなさい、という意味。転じて、足元を見つめなさい、いま目の前にあるやるべきことに全力を注ぎなさい、ということ。

禅寺の玄関にはよくこの禅語が書かれた木の立て札や紙が貼られています。もちろん、自分の履きものをそろえるのは行儀作法として当然ですが、ここにはそれ以上の意味があります。

履きものをそろえるという行為、ふるまいと心は深く関わっています。履きものをそろえず、脱ぎ散らかすというふるまいは、心の乱れをあらわすものです。そのことを端的に指摘したのが、曹洞宗大本山永平寺の七八世貫首《かんしゅ》をつとめられた宮崎奕保禅師《みやざきえきほぜんじ》です。

「スリッパが（そろえられずに）曲がっている人は心も曲がっておる」

心が真っ直ぐなら、つまり、整っていれば、履きものも自然にそろえられて当然なのです。逆にいえば、履きものをきちんとそろえることで、心が整ってくるといってもいいでしょう。

禅寺には履きものをそろえ、心を整えてから入りなさい。玄関に掲げられた「脚下照顧」にはそうした意味もあるのだと思います。

心を息苦しくさせるものとして、不安もあげられるでしょう。不安はかなりの難物です。いったん不安に駆られると、雪だるま式にふくらんでいくからです。

たとえば、社内にリストラの動きがあるという噂が耳に入り、ちょっとした不安をおぼえたとします。しかし、ことはそれではすみません。不安が不安を呼ぶことになるのです。

「すでにリストラ候補のリストが作成されているかもしれない。そこに自分の名前が入っていやしないか。いや、入っているに違いない。この歳で職を失う？　いったいどうしたらいいんだ」

こんな調子で、噂の真偽さえ定かでないのに、不安に心が占領されてしまうのです。もちろん、心は騒ぎ、乱れています。

そんなとき、たとえば、部屋の片づけや掃除をすると心は整ってきます。塵一つなく、きちんと整頓された部屋になったら、気持ちよく、心が清々しくなりませんか？　それは心が整ってきたことにほかならないのです。

そして、整った心で不安と向き合ったら、反応は大きく違ったものになります。噂に振りまわされて不安をふくらませることはなくなる。

「噂がほんとうかどうかわからないのに、あれこれ悩んだってしかたがない。いまは自分の仕事をいつもどおり、一生懸命にやっていればいいのだ。それしかできることはないのだから……」

というところに心の着地点を見いだすことができるのです。これは、自分の足元（現状）をしっかり見つめ、やるべきことに注力するということです。

不安を持つのはまだ〝起きていない〟こと、〝将来〟のことに対してです。起きていないこと、将来のことは、実際にはどうなるか、まったくわからないのです。

わからないことは放っておく。これも、禅の大切な心の在《あ》り様《よう》、心の構え方です。

履きものや部屋を整えると、心が整ってくる。
整った心が不安に振りまわされることはない。

時時勤払拭《じじつとめてふっしきせよ》

本来人が持っている一点の曇りもない清らかな心にも曇りが生じる。常にその曇りを拭う努力をしなければいけない、ということ。

わたしたちは綺麗に磨き上げられた鏡のような心を持って生まれてきます。しかし、生きている間に塵や埃がついて、どんどんたまっていきます。「これが欲しい」「あれがしたい」という我欲、手に入れたものを「手放したくない」という執念といったものがそれです。

もちろん、生きているかぎり欲や執念から完全に離れることはできませんし、欲には意欲のように自分を向上させるという面もあります。執念にしても、それがあるから不断の努力を続けられるといったことがあるでしょう。

しかし、方向が違っていたり、ほどが過ぎていたりすると、曇った鏡が対象物を正しく映し出せないように、心がものごとを正しく判断できなくなります。

欲がふくらんでいるために、ありえない儲け話に乗って、とんでもないことになったりするわけです。「魔が差す」という言葉がありますが、まさにそれ。ふくらんだ欲によって心に隙ができ、そこに魔が入り込んでくるのです。

しかも、欲には際限がありません。一つ手に入れれば、すぐにも別のものが欲しくなる。お釈迦様はこんなことをおっしゃっています。

「人間の欲望というものは、たとえヒマラヤの山をすべて黄金に変えたところで、満たされることはない」

執念もタガが外れると、自分を見失うことになりますし、周囲に害毒を撒き散らしもします。ストーカー行為などはその典型でしょう。

ですから、塵や埃、すなわち、心にたまった欲や執念を拭い去る努力を怠ってはいけません。そのためには、すでにお話ししたことですが、生活を正すことです。

退社後いつも遅くまでお酒を飲み、家に帰り着いたら、着替えもしないで寝床に倒れ込む、といった自堕落な生活をしていると、欲や執念に歯止めがきかなくなります。

「水は低きに流れ、人は易きに流れる」という言葉がありますが、いったん自分を律することを忘れると、どこまでも落ちていくのが人の性でもあるのです。

顛末《てんまつ》は明らかです。「世の中も、人生も、どうでもいい」という捨て鉢な生き方になる。これはもう、究極の「一杯一杯」といえるのではないでしょうか。

「このところ、ちょっと生活が乱れぎみだな」。そう感じたら、すぐさま立て直しをはかりましょう。まず、一週間、心して正しい生活をする。一週間が過ぎたら、一〇日、二〇日、一カ月……とその期間を延ばしていく。

人の行動、暮らし方は習慣に大きく影響されますから、一カ月も正しい生活を送ったら、それが当たり前になります。それはそのまま、心の塵、埃が取り除かれて、我欲や執念に翻弄されなくなること、正しい判断力が戻ってくることになるのです。

生活の乱れは欲や執念を育てる悪しき土壌。
立て直しをはかって、土壌を入れ換えよう。

莫妄想《まくもうぞう》

「莫」は「(～する)なかれ」ということ。禅語は文字どおり、妄想をするな、という意味。妄想という思考のはたらきは、心を振りまわす。

「妄想」とは一般には、根拠のない空想や邪念のことを指しますが、禅では少し違います。善悪、美醜、損得……などのようにものごとを対立的に捉えることを「妄想」というのです。

大人になっていちばん抱きやすい妄想は、損得でものごとを見たり、判断したりすることかもしれません。仕事の依頼に対しても、

「この仕事をやっておけば、将来のためになるかな」

と考えることがあるでしょうし、人間関係でも、

「この人と付き合ったら、人脈が広がって、いいことがありそうだ」

といった具合に、どこかで損得勘定がはたらく。もっとも、ビジネスの根本にあるのは利益を追求することですから、損得をすべて取っ払ってしまったら、ビジネスそのものが成り立たない、ということはあるのだと思います。

しかし、損得勘定に偏りすぎるのは問題あり、です。仕事でも、人間関係でも、常に損得を意識していたら、心が安まる暇がありません。「得した」と思えば、心は妙に昂揚《こうよう》し、「損した」と感じたときは、悔しさや無念の思いが湧き上がってくる。

心の状態が乱高下しているわけですから、安らかでいられるはずがないのです。心がギスギスして渇いてきます。

渇きを癒やすうえでいちばん効果があるのは、一日の終わり、就寝前に心をリセットすることです。寝る前の三〇分間、自分がもっとも心地よいと感じることをするのです。

ゆっくりして、自然音のCD（川のせせらぎ、小鳥のさえずり、波の音など）を聴くのもいいですし、好きな画家の画集をひもとくのもいいでしょう。あるいは、心を解きほぐしてくれる香りのアロマを焚くのもいいですし、心に響く詩の一節を読むのもいい。身体を動かすのが好きな人は軽いストレッチをするのもいいですね。

心地よさを感じるのは感性ですから、その時間は感性がはたらき、思考（損得勘定）は休息します。そのことによって心はリセットされるのです。つまり、損得勘定という「妄想」を一掃することができる。

できれば、その後に仏壇の前で手を合わせ、その日を無事に過ごせたことをご先祖様に感謝すると、最高の一日の締めくくりになります。わたし自身は毎晩、仏壇の前で、「今日一日をつつがなく終えることができました。ありがとうございます」とお参りしてから、床に入るようにしています。

そうはいっても、いまは仏壇がある家のほうが珍しいかもしれません。仏壇がなければ、寺社のお札や親しい人（両親、恩人、恋人など）の写真を代わりにしてもいいではないですか。部屋のどこかにそれを置く場所を設け、いつも小綺麗にしておいて、そこで感謝を伝えたらいかがでしょう。

この一連の〝妄想封じ〟の儀式、ぜひ、取り入れてください。


妄想は嵩《こう》じるとやっかい。

一日の締めくくりに感謝をつうじて封じておこう。

任運自在《にんうんじざい》

人生には自分の能力や努力ではどうにもできない巡り合わせというものがある。それが禅でいう「運」。それにまかせきって、思慮分別などしないほうがいい、ということ。

運は自分の能力を超えたところからもたらされます。たとえば、仕事の成果は自分の能力と努力に負うところが大きいといえますが、それが出世につながるかどうかとなると、こちらは運によるところが「大」でしょう。

好例が大学の教員です。たまたま指導教授が他校に移ったとか、定年で退官したとかで、教授のポストが空き、若くして教授になる人もいれば、長く教授を続ける人の下についたために、ずっと准教授のままでいる人もいます。これはもう、運しだいというしかありません。

いずれにしても、自分ではいかんともし難いのが運です。ですから、運に左右されることについては、考えたり、悩んだり、やきもきしたりしても意味がないのです。

しかし、案外、そのことに気づいていない人が少なくありません。たとえば、自分の会社が他社と合併して経営陣が一新されるといった状況で、「いまの部署（ポスト）に残れるだろうか？　まったく畑違いのところに配属されたら、これまで蓄積してきた仕事のノウハウが活かせないし、ゼロからのスタートになってしまう。これは、えらいことだぞ」

そんなふうに思い悩んだりする。しかし、人事権は自分の力のおよばない領域ですから、いくら思い悩もうが、考え抜こうが、それでどうにかなるものではありません。心がすり減るだけです。

ここは〝人事は運〟と割りきって、おまかせしてしまうことです。そして、現実に畑違いの部署につくことになったら、その時点で身の振り方（ゼロから頑張っていくか、配置転換を願い出てみるか、転職するかなど）を考えればいいのです。

禅が大切であるとしているのは運ではなくて「縁」です。わたしは縁をチャンスに喩《たと》えてお話しするのですが、縁、チャンスは自分で掴むべきものですし、掴むことができるのです。

少し難度の高い仕事のオファーがあったとき、果敢にそれに挑戦する人もいますし、尻込みしてしまう人もいます。両者の違いは〝準備〟の差です。それまで着実に仕事をこなし、力をつけてきた人、つまり、準備を怠らなかった人は、挑戦心に火がつくのに対して、中途半端にしか仕事をしてこなかった人（準備をしてこなかった人）は、「とても無理」とハナから気力が萎えてしまう。

前者はチャンスを掴み、後者はそれを見過ごすことになるわけです。禅的にいえば、準備という「因」を整えていれば、縁を掴んで「因縁」を結べますが、因が整っていないと、縁は過ぎ去ってしまって、因縁は結べません。

チャンスを掴めば次のチャンスにつながります。しかし、いったん逃してしまったチャンスは二度と戻ってきませんし、今度はいつチャンスがくるかわかりません。

チャンス（縁）を掴むための準備はきわめて大切なのです。

運にはおまかせする。
縁は準備を整えて掴む。

Column

全体を把握しながら、眼前のことをやる

　山積する仕事を前にして、動けないことがあるかもしれません。もちろん、こなさなければいけない仕事の全体量を把握することは必要です。しかし、同時にそこから離れることも大事なのです。「着眼大局《ちゃくがんたいきょく》　着手小局《ちゃくしゅしょうきょく》」という言葉があります。全体を俯瞰的に眺めながら、具体的には目の前のことを着実にやっていく、という意味です。人は目の前の一つのことしかできません。それに全力で取り組むことが、できる精一杯のことなのです。

　そうして一つを仕上げれば、心おきなく、迷わずに、次のことに取り組んでいけます。その積み重ねが、全体をなし遂げることにつながるのです。わたしは常に仕事が山積状態ですが、行動するときは目の前のそのことだけに集中していますから、一杯一杯になることはありません。いってみれば、それがわたしの〝仕事の流儀〟ということでしょうか。

第3章
「寂しさ」から脱する

知足《ちそく》

足るを知る、ということ。現在の自分に備わっているお金やもの、地位や肩書き、人間関係……などを、「もう、これで足りている、十分だ」とすることである。

現代社会には情報があふれかえっています。その多くは人の欲望を刺激するものといっていいでしょう。「素敵な女性には必須のこのブランド」「おしゃれな大人が一度は行ってみたいあのレストラン」「自分をワンランクアップさせるこんなエステティック」……。

情報はどれもが〝魅惑的〟。手に入れなくては、行かなくては、やらなくては……という気持ちに誘います。周囲に必須とされるブランドのバッグを持っている友人や知人がいたりすれば、羨《うらや》ましさが募るでしょうし、持っていない自分を寂しいと感じるかもしれません。

おしゃれなレストランも、友人たちがみんな行ったことがあって、それが話題になったりすれば、行っていないために、そこに加われない自分が、惨めにも、寂しくも感じるのではないでしょうか。

寂しさを埋めるためなのでしょう。ブランド品を手当たりしだいに買ったり、高級レストランでたびたび食事をしたりする人がいます。しかし、先にもお話ししたように、欲望にはかぎりがないのです。ブランド品がいくつあっても、どれほどレストランに通いつめても「もっと、もっと」という気持ちは抑えられません。その結果、カード破産をしたり、自己破産までしてしまう人も、けっして少なくありません。足るを知るのは難しいのです。

しかし、お釈迦様はこんな内容の話をされています。

「足ることを知らない人は、どこまでいっても満足ということがないから、裕福であっても心は貧しい。一方、足ることを知っている人は、貧しくても幸せを感じていられるから、心はどこまでも豊かである」

さて、みなさんが求めているのは、物質的な豊かさですか、それとも、心の豊かさでしょうか？　価値観の問題ですから、どちらも求めてもかまわないのですが、もし、心が豊かでいたいと思っているのであれば、「知足」の生き方、すなわち、「もう、これで十分。いまのままでありがたい」という思いを持って生きるべきでしょう。

自分の「いま」を満たされていると感じ、「いま」に感謝できる人は、先にあげた〝寂しさ〟とは無縁です。

欲望に振りまわされないためには、こんな発想が有効ではないかと思います。

物質的な「もの」なら、それを三つに仕分けするのです。「①絶対に必要なもの」「②あればいいなと思うもの」「③憧れのもの」がその三つです。

それぞれの扱いはこうです。①は買えばいい、手に入れればいいのです。②は別の言い方をすれば、なくても困らないものですから、当面買うのは控える。③は不要と決める。

この発想を持っていると、身のまわりのものが限定されてきますから、生活は格段にシンプルになります。するとその心地よさが体感されます。それが、「知足」に近づく原動力になるのはいうまでもないでしょう。

「いま」に対する満足と感謝。それが心豊かに生きる最大のポイントになる。

感応道交《かんのうどうこう》

禅の師と弟子が、言葉を交わさなくても心が通じ合っているさまを指す禅語。他者と、そして自分自身と、そんな関係を築くことが大切である。

この時代の若者たちは〝寂しがり屋〟なのかもしれません。ＳＮＳ（ソーシャル・ネットワーキング・サービス）で始終、誰かとつながっている。つながっていないと、関わりが断たれたようで、寂しいのだと思いますし、また、不安にも駆られるのでしょう。

しかし、ＳＮＳでつながっている大勢の仲間は、心が通じ合っている友人と呼ぶに値する存在なのでしょうか？　わたしはとても懐疑的です。たとえば、自分の生き方が問われるような状況にいて、ＳＮＳ仲間に相談を持ちかける発信をしたら、はたして何人から返信があるでしょう。

飲み会の誘いには全員からただちに返信がきても、こんなケースでは「既読スルー」が圧倒的に多いのではないかと思うのです。ヘタをすれば、誰からも返信なし、ということだって考えられます。

広く、浅く群れている。それがＳＮＳ仲間の実態だといっても、そう的は外れていないと思います。「感應道交」とはまったく逆の関係、寂しい関係ではないですか？

以心伝心で思いが伝わる。「感應道交」で結ばれている。そんな友人が一人いるほうがずっといい、とわたしは思っています。自分が厳しい局面に立たされたときに、たとえそばにいなくても、相手を思うことで勇気が湧いてくる。悲しみの淵《ふち》に沈んでいるときに、たとえなにも語らなくても、自分の気持ちを受けとめ、それに寄り添ってくれる。そんな友人の存在が、人生をどんなに豊かに、どれほど潤いのあるものにしてくれるか。これは説明する必要もないでしょう。

ちなみに、そんな友人がいるという人に話を聞くと、生まれ育った土地が同じで、高校時代くらいまでをともに過ごした相手、ということが多いようです。そんな相手がいなくても「感應道交」の関係は結べます。自分のなかのもう一人の自分、禅では「本来の自己（自分）」ともいいますが、それを〝相手〟にするのです。

坐禅の「坐」という字は、土のうえに人が二人座っていることをあらわしています。一人は現実の自分ですが、もう一人がその本来の自己です。静かに自分と本来の自己が問答をする。それが坐（禅）が意味するところなのです。

本来の自己とは真理のこと。一般的な言葉にすれば、「良心」が近いかもしれません。自分のふるまい、発言、あるいは生き方は、真理に沿っているか、良心に背いてはいないか……。問答のなかでそのことを確認するのです。

たった一人でそうしている時間が寂しいでしょうか？　寂しいどころか、濃密で充実した時間です。群れてただわいわいとやっているより、はるかに人生にとって有用な時間でもあります。

そんな時間が持てるのは、群から離れ、孤独になったときだけです。

ときには一人になって、
静かに自分を見つめてみよう。本来の自分に問いかけよう。

把手共行《はしゅきょうこう》

手をとり合ってともに行く、ということ。お互いにわかり合い、許し合える友人とともに人生を歩んでいくことは、とてもすばらしい。そういう友人を持つべきである。

「刎頸《ふんけい》の友」という言葉をご存知でしょうか？　相手のためなら首を斬られてもかまわないと思えるほど、敬愛し、また、信頼している友人のことです。人生をともに歩んでいく相手として、これほどふさわしい存在はないでしょう。

人生には決断をしなければならないときが、何度となくあります。その際、そんな友人がいればそれ以上に心強いことはありません。的確なアドバイスをくれるでしょうし、必要なら背中を押してもくれるでしょう。

しかし、誰もが友人に恵まれているとはかぎりません。腹を割って話ができる友人がいないこともある。そんなときにも、孤独の寂しさ、心細さを感じるのかもしれません。

「把手共行」という禅語は、無二の親友にも勝る存在がある、とも教えています。すでにお話しした、自分のなかにいる本来の自己です。本来の自己と出会い、人生の歩みをともにする。

禅語はそのことこそ、もっとも大切である、といっているのです。四国の霊場八十八カ所を巡るお遍路《へんろ》さんが被《かぶ》っている笠には「同行二人《どうぎょうににん》」と書かれています。

お遍路さんは弘法大師空海さんとともに歩くとされています。空海さんといっしょだから、現実には一人であっても長い道程も歩ききることができる。本来の自己もこの空海さんのような存在です。

京セラ、第二電電（現ＫＤＤＩ）を立ち上げ、日本航空を再生させた稲盛和夫《いなもりかずお》さんは、本来の自己との対話を大切にしている人です。

著書のなかでおっしゃっていることですが、新規事業を展開する際には、その事業が自社の利益、自分の利益のためだけでなく、世の中の役に立つかどうか、社会や人びとに貢献できるかどうかを自問自答する、というのです。

そして、一〇〇年後にも「あれは社会に貢献する事業だった」と認められるという確信が持ててはじめて、具体的に事業を進める。それが稲盛さん流なのです。

みずから得度《とくど》を受ける（のちに還俗《げんぞく》）など、仏教に深く傾倒している稲盛さんを思えば、この稲盛さん流は「把手共行」の実践とも受けとれます。

もちろん、ともに歩く親友がいることはすばらしいことです。しかし、そんな友がいなくても、寂しい、心細いと感じることはありません。本来の自己はいつもみなさんとともにいます。

アップル社の創業者の一人である故スティーブ・ジョブズは、毎朝、鏡に映る自分に「今日が人生最後の日だとしても、自分はこれからやろうとしていることをやるだろうか?」と問いかけていたといいます。

これも、本来の自己との対話でしょう。毎朝とはいいません。重要な決断を迫られたときには、必ず、本来の自己の声を聞く。すると、信念を持って一歩が踏み出せます。

人生をともに歩く〝友〟は自分のなかにいる。本来の自己の存在に気づき、対話をしよう。

安閑無事《あんかんぶじ》

安らかな心、穏やかな心で、静かに暮らす日々。そんな日常にこそ幸せがある。そのことに気づき、感謝することが大切である。

「休みだっていうのに、誰からも誘いの連絡はないし、とくにすることもない。なんだか、ポツンと一人ぼっちにされた感じだなぁ」

そんな休日はないでしょうか？　物足りなさや退屈感を抱えたまま、ただ時間が過ぎ去っていく。行動も日がなゴロゴロ、ダラダラ。食事もコンビニ弁当ですませる、といったことになりそうです。

こんなときは、心の持ち様を変えてみましょう。誰からも連絡がないということは、他人の干渉から自由だということです。とくにやりたいことがないということは、やろうと思えばなんでもできるということではありませんか？

じつはこれは禅の発想なのです。マイナスの状況をプラスに転じる。常にそう発想するのが禅です。たとえば、なにかの事情で心ならずも山深い古びた宿に泊まらざるを得なくなったとします。周囲から虫の声が聞こえるばかりで、宿には自分のほかに宿泊客は誰一人いない。そこで、

「こんなに寂しいところに、一人で泊まるハメになるなんて、冗談じゃないよ。今日はなんて一日なんだ」

と考えたら、惨めな気持ちにしかならないでしょう。しかし、こう考えたら

どうか。

「おっ、美しい虫の声が聞こえるぞ。ふだんは聞けないいろいろな虫の〝合唱〟を一人占めできるなんて、なんと贅沢《ぜいたく》な夜だ。こんな体験は二度とできないかもしれない。ありがたいことだなぁ」

こちらは心が静かに満たされ、幸せな気持ちにさえなるのではないでしょうか。心の持ち様しだいで、同じ状況がまるで違った受けとめ方になるのです。

誰かといっしょに過ごせば、楽しさはある反面、気遣いも求められます。食事にしても、相手が和食を強く所望すれば、こちらはイタリアンが食べたくても、譲らなければいけないことだってあるでしょう。

いずれにしても、自由は少なからず制限されます。それが心を波立たせることもありそうです。

そう考えると、まったく自由でなんでもできる一日はありがたいと思えてきませんか？　たとえば、「よし、お風呂の掃除でもするか」と浴室を磨き上げる。綺麗にした浴槽に張ったお湯につかるひとときは、心を解きほぐしてくれるでしょうし、安らかさをもたらしてくれるはずです。

食事も手作りパスタに挑戦してみる。旬の野菜をたっぷり使ったり、調味料を微調整して好みの味に整えたり……。工夫を凝らして作ったパスタでの食事が楽しくないわけがありません。コンビニ弁当とは格段の違いです。

そんなふうにして終える一日は、寂しくも、つまらなくも、退屈でもないはずです。「いい一日を過ごせたなぁ」と思えるでしょうし、その日に感謝する気持ちにもなるに違いありません。

安らかな心、穏やかな心をもたらす最強の妙薬。それは感謝です。

所在なさを感じたときこそ禅の発想。
心の在り様で状況は一八〇度変わる。

本来無一物《ほんらいむいちもつ》

人はなにひとつ持たず、なんの執着もない裸で生まれてくる。財産も地位もその後たまたま手に入れたものにすぎない。失ったとしても、本来の姿に戻っただけである。

人生にはいくつか「節目」があります。たとえば、仕事の現役から退く定年退職もその一つ。それを寂しいものと受けとめる人は少なくないのでしょう。定年がきっかけで、体力も気力もすっかり萎えてしまい、燃え尽き症候群とか、濡れ落ち葉などと揶揄される状態に陥るのは、その典型といっていいかもしれません。

現役時代にどれほどいいポジションにいようと、高い地位についていようと、立派な肩書きを持っていようと、定年を迎えたら、それらはいっさいご破算なのです。

それがなかなか受け容れられない。なくしたものについ思いが向き、寂しさにとらわれてしまうのです。定年からしばらく時間が経っているのに、人と会った際、「○○会社の常務をしておりましてね」などと現役時代の肩書きを口にする人がいますが、これは寂しさの裏返し。自分の現状を受け容れられないことのあらわれといっていいでしょう。周囲から見れば滑稽《こっけい》でしかありません。

「あ〜あ、また、○○さんの昔自慢が始まっちゃったよ。こうたびたびじゃ、さすがに辟易《へきえき》するね」

これが周囲の受けとり方です。禅語がいっているように、なにも持っていないのが人の本来の姿なのです。地位や肩書きがなくなったということは、その本来の姿に戻っただけのことでしょう。

東日本大震災では、地位や肩書きはおろか、家も財産も、大切な家族も、根こそぎ奪われてしまった人たちが大勢いました。その直後に現地に行く機会をいただいたわたしは、被災者のみなさんにこんな話をしました。

「みなさんには命があります。もともとはその命だけをいただいて、そこから始めたのではないですか？　命があったら、必ず、やり直すことができますよ」

そして、一つ禅語を紹介しました。「無一物中無尽蔵《むいちもつちゅうむじんぞう》」。これは、なにも持っていないからこそ、どんなことでもできる。可能性は無尽蔵に広がっている、という意味です。

定年という節目を機に、スパッと気持ちを切り替え、「本来無一物」であるという〝原点〟から始めませんか。仕事から退いて、自分は生まれ変わったのだ、という意識を持ったら、新たな楽しみも見つけられますし、フランクに人と付き合えて、素敵な人間関係も生まれるのです。

人生一〇〇年時代になろうとしているいま、長い定年後をどう過ごすかは、大きな課題になっています。仕事に定年はあっても、人生に定年はありません。過去に縛られないまっさらな自分になって、一から定年後の時間を生きていく。それしか、人生全体を充実させる道はない、と思うのですが、みなさんはどう考えますか？

定年は生まれ変わる絶好の節目。
新しい自分になって、可能性を広げよう。

白雲自在《はくうんじざい》

空に浮かぶ白い雲は、風の吹くままに自由に流れ、自在にかたちを変えていく。人もそんな雲のように、こだわりやとらわれのない心でいることが大切である。

人は生きている間に自分が置かれている環境がさまざまに変わります。それは必ずしも自分が望んでいるものとは違うかもしれません。ビジネスパーソンであれば、本社勤務であった人が、地方の小さな支社勤務を命じられる、といったこともあるでしょう。いわゆる「都落ち」です。

「東風《こち》ふかば　匂ひおこせよ　梅の花　主なしとて　春な忘れそ」

学問の神様として知られる菅原道真《すがわらのみちざね》の歌です。文字どおり、京から太宰府に都落ちしたときに詠んだ一首とされるものですが、東から春の風が吹いたなら、梅の花よ、その香りをわたしのところまで届けておくれ。もう、わたしは京にいないけれど、けっして春を忘れて、花を咲かせないようなことではいけないよ、というのがその意味。寂寥感《せきりょうかん》漂う心情が伝わってきますが、古来、〝左遷（都落ち）〟は寂しさを伴うものなのでしょう。

しかし、花も人もそのときにある（いる）その場所で咲くしかないのです。地方支社にいて本社勤務の頃を思い、

「あの頃はやりがいがあったなぁ。いまはこんな小さな支社に飛ばされて、情けないったらありゃしない」

と悲嘆にくれていたら、支社ではロクな仕事はできないでしょう。本社勤務にこだわり、とらわれている姿です。当然ですが、白雲はどこに流されようと、どんなかたちになろうと、「おい、おい、今度は北かよ。南に行きたかったのに。それに、このかたち、気に入らないな」といった愚痴も文句もいいません。

その白雲に学ぶべきは、そのときどきの自分を受け容れることの大切さでしょう。受け容れるから、その環境に馴染み、こだわったりとらわれたりせずに、変幻自在に対応していけるのです。

先ほど都落ちという言葉を使いましたが、一方には「住めば都」という言葉もあります。地方の片田舎は心を癒やしてくれる自然にあふれているかもしれませんし、そこに暮らす人びとの人情も厚いかもしれない。

また、その地ならではの歴史や風習、文化といったものに興味を惹かれる、といったこともあると思うのです。

休日に緑のなかをひとしきり散策した後、親しくなった古老の家を訪ね、自家製の漬け物などつまみながら、お茶を飲み、その地の歴史（風習、文化……）の四方山《よもやま》話を聞く。

そこには、本社勤務のままだったら、けっして味わえなかった人生の楽しみ、醍醐味があるのではないでしょうか。それを心ゆくまで味わう。そんな時間を持つことは、その地で立派に人生の花を咲かせていることだ、といってもいいのではありませんか？

不遇は、置かれた場所がもたらすのではありません。それを不遇と感じる心が引き寄せるのです。こだわらず、とらわれず、（白雲のように）心を融通無碍《ゆうずうむげ》に遊ばせておけば、人生に不遇などないのです。

どんな状況に置かれても、
〝都落ち〟ではなく〝住めば都〟で生きたらいい。

Column

寂しいときは、自分を磨けるとき

寂しさを感じる状況はさまざまだと思いますが、ここでは親しい友人や恋人がいないケースを考えましょう。人と人の結びつきは「縁」です。友人や恋人がいない寂しさから、パーティーやサークルの集まりなど、いわゆる〝出会いの場〟に顔を出すのもいいのですが、きちんとした縁が結ばれるためには、「因」を作っておくこと、すなわち、準備をしておくことが大切です。

この場合の準備とは、自分磨きといっていいでしょう。たとえば、言葉遣いも含めた立ち居ふるまいです。自然に美しい言葉が語れ、所作も上品さをうかがわせ、人に対するこまやかな心配りができる……。男女を問わず、そんな人は十分に魅力的ですし、友人や恋人にしたいと考える人も少なくないはずです。

ふだんからそのための努力をしていれば、縁はおのずから結ばれるのだと思います。友人や恋人がいない寂しさを嘆くのではなく、「いまは自分を磨くときなのだ」と考えたら、心は前を向きますし、やるべきことも見えて、日々が充実するでしょう。

第4章

「怒り」から脱する

放下着《ほうげじゃく》

なにもかも放り捨ててしまえ、ということ。我欲、執着、分別……といったことはもちろん、自分は悟っているという思いすら放り捨てよ、という意味。

現代がストレス社会だということに異を唱える人はいないでしょう。誰もが少なからずストレスを抱え、イライラやモヤモヤを募らせています。そんな人間どうしが関わり合っているわけですから、感情がぶつかったり、思いがすれ違ったりして、思わず腹を立ててしまう、ということも少なくないのではないでしょうか。

相手の言葉やふるまいにカチンときた。瞬間的に怒りの感情が湧くのはしかたがないことです。誰だって気に入らないことをいわれたり、気にしていることを露骨に指摘されたりすれば、平静心を保ってはいられないでしょう。

問題はそこからです。禅ではその怒りを「頭に上げる」という言い方をしますが、いわゆる頭に血が上ってしまうと、事態は悪化することになります。「売り言葉に買い言葉」の展開になるからです。お互いが相手の言葉を上まわるような罵詈雑言《ばりぞうごん》を繰り出すことになる。ボクシングでいえば、ノーガードで打ち合う状況です。

その後はお互いに高まった怒りの感情を抱えたまま別れることになり、あとには気まずさだけが残ります。ヘタをすれば、それがきっかけで絶縁状態になることだって考えられなくはありません。

湧いた怒りを頭に上げない、すぐさま放り捨てる。それが禅の対処法です。アンガーマネジメントでは、怒りのピークは六秒間とされています。どうやら、これにははっきりした科学的根拠はないようなので、それが正しいかどうかはともかく、「間を置く」ことが頭に上げないポイントであることはたしかです。

怒りがこみ上げたら、深い呼吸を数回するのです。おへその下あたりに「丹田《たんでん》」と呼ばれる部分があります。その丹田を意識し、そこから吐き出すつもりで、息をゆっくり吐きます。

吐ききったら自然に空気が入ってきますから、それを丹田まで落とし込むように、ゆっくりと吸い込みます。これが坐禅のときに用いる丹田呼吸です。

この呼吸を数回繰り返すと、激した感情は確実に鎮まってきます。さらに、これはわたしが尊敬する板橋興宗禅師《こうしゅうぜんじ》（元曹洞宗大本山總持寺貫首《そうじじかんしゅ》）からの受け売りですが、心のなかで〝呪文〟を唱えると、効果はいっそう増します。

板橋禅師は「ありがとさん、ありがとさん、ありがとさん」と三回唱えるそうですが、言葉はなんでもいいのです。「落ち着いて、落ち着いて、落ち着いて」「焦るな、焦るな、焦るな」「ちょっと待て、ちょっと待て、ちょっと待て」……。自分にしっくりくるものを探してください。

こちらが相手の言葉に反応せず、泰然自若としていたら、もう、勝負あった、です。〝格の違い〟を感じた相手は、すごすご退散するしかなくなります。

怒りの感情は「頭に上げない」。
呼吸＋呪文で間を置いて、心を平静に戻そう。

平常心是道《びょうじょうしんこれどう》

極める先に道があるのではない。
日常の暮らしそのものが道である。
修行の末に悟りに至るのではない。
平常の心こそ悟りなのだ。そのことに気づくことが大切である。

こんなことはありませんか？

自宅に戻ってから、昼間に誰かからいわれた言葉を思い出し、無性に腹が立ってきた、仕事相手のふるまいが蘇《よみがえ》ってきて、許せない思いになった……。

そのときはやり過ごしたのに、時間が経ってから、だんだん怒りが湧いてくるということがあるものです。とくに夜は感情が高ぶりやすいところがありますから、心が怒りに支配されて、まんじりともできない、といったことにもなりかねません。

怒りに衝《つ》き動かされているということは、平常の心が失われているということです。本来、心はいったんは怒りの方向に振れても、すぐに平常なところに戻ってくるものです。

竹を思い浮かべていただくといいかもしれません。風が吹けば竹はその方向にしなりますが、風がやんだらしなやかにもとの位置に戻ってきます。心も同じ。竹のようなしなやかさが備わっているのです。

いち早く平常心に戻すためには、なにも特別なことをする必要はありません。日常のふるまい、ふだん自分がやっていることをすればいいのです。ただし、ここは先にもお話ししましたが、よりていねいに、いっそう心を込めて、おこなうのがポイントです。

たとえば、お茶を飲む。お茶を飲んだことがないという人はまずいないでしょう。それをていねいに、心を込めてやるのです。

やかんでお湯を沸かし、適量のお茶の葉を入れた急須にていねいに注ぐ。葉の香りと味が溶け出す頃合いを見て茶碗に静かに注ぎ、ゆったりと味わう。

こんな禅語があります。「身心一如《しんじんいちにょ》」。身体と心は一体のもので、切り離すことができない、という意味です。お茶を淹《い》れ、味わうという身体の動作をていねいに、心を込めてやることで、身体と一体である心も鎮まってくる、すなわち、平常心に戻るのです。この禅語からもそのことは明らかです。

お茶を味わっているときは、「ああ、おいしい」という思いだけが心に広がっているはずです。お茶と一つになっている。その一体感も禅では大切であるとしています。

そこに余計な考えや感情が入り込む余地はありません。もちろん、怒りは綺麗さっぱり消え去っているでしょう。

禅には「威儀即仏法《いぎそくぶっぽう》」という言葉があります。威儀を正すことが、そのまま仏法にかなうことなのだ、ということです。ていねいで、心がこもったふるまいをすることは、まさしく威儀を正すことそのものです。

それは仏法にかなっているわけですから、心が乱れたり、騒いだりするはずがないのです。腹が立ったときばかりでなく、不安や悩みが心を覆ってしまって寝つけない、といったときなども、この方法を実践しましょう。それらをスパッと断ちきれます。

腹が立って眠れないときは、
ふだんやっていることを、ていねいに、心を込めて、やってみよう。

露堂々《ろどうどう》

真理を求めて躍起《やっき》になることなどない。真理というものはそこらじゅうに堂々とあらわれている。露わになっているのである。

みなさんにはこんな思いがありませんか？

「真理はものごとの奥深くにあって、厳しい修行や懸命な自己研鑽《けんさん》を積まないことには、見ることも、触れることもできないのだ」

誰もが納得してしまいそうな考え方ですが、じつはそうではないのです。禅語がいうとおり、真理はそこかしこに露わになっています。たとえば、道端に咲く一輪の花にも……。道行く人がふと目にとめて、

「こんなところに綺麗な花が咲いている。すごいじゃないか！」

と感じたとします。〝綺麗〟〝すごい〟というその人の受けとり方は、花にとっては、ある意味で褒め言葉でしょう。しかし、花は綺麗だと受けとってもらおうとして、すごいと感動させようとして、咲いているのではありません。ただ、咲いている。花としての本分をまっとうしているのです。「〜してもらおう」「〜させよう」という思惑も、企みも、微塵もありません。はからい（勝手な決めつけや思い込み）がないのです。

どこにもはからうところがなく、ただ、本分をまっとうする、その姿に真理があらわれています。何日か過ぎれば、花は枯れてしまうかもしれません。し

かし、それも本分をまっとうしている姿であり、そこにも真理が露わになっているのです。咲いているときだけが花ではありません。枯れてしおれた姿も、また、花なのです。

「なぁんだ、枯れてしまったのか。つまらない」

そんなふうに思うのは人間だけです。もう、おわかりですね。綺麗、すごい、つまらない、というのは人間の勝手なはからいです。大切なのははからいから離れること、そして、(咲いていても、枯れていても)その花の姿に本分をまっとうしていることのすばらしさを感じとることなのです。

それが真理に気づくこと、真理に触れることだ、といってもいいのではないかと思います。

さて、誰かの言動に腹を立てている自分を考えてみてください。

「あんな言い方をされたら、怒って当たり前じゃないか」

「あれは絶対、人を怒らせる態度だ」

いずれも、自分のはからいではありませんか？　同じ言い方や態度に、腹も立てないし、怒りもしない、という人はいくらでもいます。そうであったら、腹立ち、怒りのもとは、自分のはからいにある、ということにならないでしょうか。

そうはいっても、人ははからいからそう簡単に離れることはできません。しかし、そのための努力はできます。花をはじめとするあらゆる自然のものに対して、それぞれが本分をまっとうしている姿なのだ、という意識で向き合うことも、努力の一つだと思います。

そんな努力を重ねることで、はからいから少しずつ離れていきます。それは、むやみに怒らない自分に向かう一歩、一歩でもあるはずです。

怒りは自分のはからいから生じる。
真理に気づき、触れることで、はからいが一枚ずつ剥《は》がれていく。

無心《むしん》風《かぜ》来《きた》り吹《ふ》く

暑いさなかに吹いてくる風は涼をもたらす。しかし、風は人を涼しくしようとして吹いているのではない。無心に吹いているだけである。

　前項で花の話をしましたが、この風も同じように「涼しさを届けよう」というはからいなどなく、ただ吹いているのです。こうした例はいくらでもあります。

　小鳥のさえずりを聞いて、人は「美しい鳴き声だなぁ。心が洗われる気がする」と感じたりしますが、小鳥に「人の心を洗おう」というつもりはなく、聞くと心が清々しくなるような川のせせらぎにも、「清々しくしよう」という意図などありません。

　すべて、ただ、本分をまっとうしているだけです。それをどう感じるかは、受けとる側の〝都合〟です。都合によって、さえずりが耳障りになることもあるでしょうし、せせらぎが寂しい音に聞こえることだってあるわけです。

　人は往々にして自分の都合でものごとを判断しがちです。典型的な例が喫煙でしょう。いまは交通機関はもちろん、ホテルや食事処など、喫煙できない場所が増えています。嫌煙家は、

「大歓迎だよ。やたらに副流煙を吸わされたんじゃたまらない。もっと、もっと、禁煙場所が増えればいいのに……」

と双手《もろて》をあげて賛成しますが、愛煙家は真っ向から反対。

「冗談じゃないよ。これ以上禁煙場所を増やすのは、自分たちの権利侵害じゃないか。まったく、頭にくる」

などと怒ったりするわけです。もちろん、副流煙の問題は野放しにできるものではありませんが、ひとまずそれを措《さしお》けば、双方の主張にはそれぞれの都合が大きくはたらいているのです。

腹を立てるという状況についても同じことがいえるのではないでしょうか？　たとえば、古くからの日本の風習でもあり、年中行事、恒例行事でもある大晦日の除夜の鐘に対しても、怒っている人がいるようです。

いつだったか、お寺の近隣住民から「うるさい」とクレームがついたという報せが流れました。その怒りを受け容れ、昼間に除夜の鐘をつくようにしたお寺も実際にあったと聞きます。

近隣住民の声にも一理あります。しかし、一方には除夜の鐘を聞きながら新年を迎えることに風情を感じるという人もいます。これも都合のぶつかり合いの構図です。

腹が立つ対象はさまざまあると思いますが、怒りを露わにする前にちょっと

立ち止まって、

「もしかしてこの怒りは、自分の都合ばかり考えていやしないか？」

と自分に問いかけてみるのは意味があることかもしれません。そのワンクッションを置くことで、

「なんでも自分の都合優先というわけにはいかないな。これは、まぁ、いいか。怒るほどのことじゃない」

と思えることがあると思うのです。怒り撃退のためのわたしの提案です。


怒りの源が自分の都合であることは少なくない。

都合を引っ込めれば、怒りも引っ込む。

前《ぜん》後《ご》際《さい》断《だん》

過去、現在、未来……と時間はつながっているが、大切なのは現在、その瞬間である。過去（前）を引きずることなく、未来（後）を慮《おもんぱか》ることもしない。どちらも断ち切って、いまを生ききればいい。

これは曹洞宗の開祖である道元禅師《どうげんぜんじ》の言葉です。道元禅師は「薪」と「灰」を例にとって、こう説明しています。

薪は燃え尽きて灰になる。そのため、両者はつながっているかに見えるが、薪は薪の姿で完結しており、灰は灰の姿で完結している。それぞれが絶対の姿であり、薪（前）と灰（後）の間は断たれている。

人の生死でいえば、生の延長線上に死があるのではなく、生は生で絶対、死は死で絶対だということです。その絶対の生を生ききり、絶対の死を死にきる。そのことが大事だということでしょう。

生ききるということは、命があるどの瞬間も蔑《ないがし》ろにせず、懸命に生きるということです。命が尽きるまでそんな瞬間を積み重ねていけば、おのずと死にきるという境地がやってくるということだと思います。

禅はなにごおいても、いま（その瞬間）を大切だとします。過ぎ去った時間はその場で断ち切っていく。いくら考えても、過去のことは変えようがありません。悔いが残ることであっても、時間をそこに戻してやり直すことなどできないのです。

いつまでも過去を引きずっていたら、いまが疎かになります。過去に縛られて身動きがとれなくなるといってもいいでしょう。

過去の怒りを引きずっている人がいます。たとえば、信じきっていた恋人から手酷い仕打ちをされたといった経験があったりすると、

「いくらなんでもあのやり方は酷すぎる。いま思い出しても怒りがこみ上げてきて、身体が震える」

そんな思いを持つかもしれません。人はいろいろですから、なかには平気で人を騙したり、人を裏切ってもなんの痛痒《つうよう》も感じない、といった輩もいるでしょう。

そんな相手と関わって、騙されたり、裏切られたりしたら、怒りをおぼえて当然です。しかし、多少は尾を引くことがあっても、できるかぎり早急に、その怒りは断ち切ってしまうことです。

怒りを抱き続けるということは、どういうことなのかを考えてみてください。それは、当の相手をいつまでも意識している、あるいは、意識させられているということではありませんか？

また、意識しているということは、〝裏切られた（騙された）人間〟としての自分を生きていることになりませんか？

そんな相手はさっさと意識の外に追っ払ってしまうのがいいのです。大切な、いまという瞬間をそんな相手のために、相手を意識することに、使うことほど、もったいないことはないではないですか。時間の浪費、無駄づかいです。

「そんなこともあったな。しかし、いま、自分は裏切られた人間として生きているのではない。ちゃんと前を向いて生きている」

つまらない相手にすぐさま渡す引導としては、そんな心の決着がふさわしいのではないでしょうか。

過去には絶対戻ることができない。
さっさと断ち切り、前を向いていまを生きよう。

忘筌《ぼうせん》

「筌《うけ》」とは竹を細く割いて作った魚をとる道具。目的は魚をとることにあり、魚がとれたら筌はもはや必要ない。目的と道具をはっきり見分け、道具にとらわれるな、ということ。

この禅語を仏教に引き寄せて解釈すれば、次のようなことになると思います。仏教の経典はその教えを学び、自己を高め、悟りに至るために必要なものではあっても、あくまでも手段としてある。

手段である経典にいたずらにとらわれていると、悟りに至るという目的を見失うことにもなりかねない。手段と目的を混同することなく、正しく目的に向かって歩まなければならない。

一般の生活にも、このような取り違えはあるのではないでしょうか。ものごとはその本質を見極めることが大切であるのに、枝葉末節《しようまっせつ》にばかりとらわれて本質を見失う、といったケースがその典型といっていいのかもしれません。

その取り違えはときに人間関係に摩擦を生じさせることにもなります。たとえば、仕事でミスして、上司から注意を受けるということは、どんな人にもあるでしょう。

上司もそれぞれタイプが違うでしょうから、ものの言い方にもその個性があらわれると思います。

「ミーティングの前日になったら、先方にアポイントの確認をするのは、イロハのイ、常識中の常識だろう。いったい何年この仕事をやってるんだ。まったく、使えないな」

いってみれば、〝罵倒派（パワハラ？）〟上司というところですが、みなさんがこういわれた部下だったら、どんな気持ちになるでしょうか？

「非はアポイントの確認を忘れたこちらにあるにしても、この言い方はないだろう。間違いなくカチンとくる。しばらくは、顔を合わせないようにするよ」

大方の受けとり方はこんなものかもしれません。むかっ腹が立っておかしくない言い方です。

さて、このケースでの本質と枝葉末節ということを考えてみましょう。本質はなんでしょう。これは、アポイントの確認という仕事を忘れたということです。〝イロハのイ〟〝常識中の常識だろう〟〝何年この仕事をやっているんだ〟〝使えないな〟というのは、その本質を語るうえで、この上司が勝手につけた修飾語みたいなものです。こちらは枝葉末節でしょう。

早い話、温和をもってなる別の上司であれば、

「アポイントの確認は忘れないようにしろよ」

と本質だけを伝えるかもしれません。これならカチンとくることもないでしょう。つまり、腹が立つのは本質を脇に置いて、枝葉末節にこだわっている、とらわれているからです。

枝葉末節は忘れて、本質だけを見極め、それを受けとめていくようにしたら、人間関係の摩擦も、そのなかでの腹立ちも、大幅に減るのは確実です。この方式、採用しませんか?

言葉の枝葉末節にとらわれるから腹が立つ。
本質だけを受けとめたらいい。

Column

先入観があると、なんでもないことにも腹が立つ

禅僧のわたしがいうのもなんですが、「坊主憎けりゃ袈裟《けさ》まで憎い」という諺《ことわざ》があります。腹が立つということにも、この要素があるのではないでしょうか。たとえば、一度カチンとくる言葉をいわれた相手に対しては、腹立たしい言葉を口にする人間だという先入観を持って、どんな言葉も受けとってしまう。

そうなると、褒め言葉だって、皮肉なもの言いに聞こえるものです。「今回は、いい仕事をしたな」といわれたら、「いつもはロクな仕事をしてないっていっているんだな」ということにもなるわけです。

それでは神経が休まる暇がありません。先入観は目を曇らせます。それを外すと、ものごとを的確に判断できるようになります。つまり、褒め言葉は、褒め言葉として、そのまま受けとれるのです。

怒りには多分に先入観がはたらいていることがあります。そこに気がつくと、腹が立つことは格段に減るはずです。

第5章

「やる気が出ない」から脱する

人人悉道器《にんにんことごとくどうきなり》

この世に生まれてきた人は、誰もが仏道を極める可能性を秘めている、という意味。その可能性を開くのは弛《たゆ》まぬ努力である。

この禅語は曹洞宗大本山總持寺《そうじじ》のご開山、瑩山紹瑾禅師《けいざんじょうきんぜんじ》のものとされます。仏道を極めるということを一般の人にあてはめれば、仕事で確固たる存在感を示す、余人をもって代えがたい存在になる、ということになるでしょうか。

しかし、そこまで気力、意欲を持っている人が少なくなっているのが実情かもしれません。色合いは薄れたとはいえ、現在もまだ学歴社会であるという側面はあるでしょう。

その壁の前でうずくまってしまう人がいます。

「同期の彼は東大出身。それに比べて自分は三流大学の卒業。ハナから勝負にならないよ」

やってみる前にすでにやる気を失ってしまうわけです。たしかに、東大ブランドはいまも健在でしょう。しかし、その賞味期限は思いのほか短いのです。

これはある企業のトップの方にうかがったのですが、入社時には東大ブランドは一〇〇％の輝きを放っているそうです。ところが、三年後には五〇％、五年後には二五％、一〇年経ったら〇％になるというのです。

三年で半減する。それどころか、仕事で力を発揮できなければ、東大ブランドはかえってディスアドバンテージになります。

「おい、おい、彼はあれで東大？　東大出なのにぜんぜん使えないな」

ブランド力が仇《あだ》になるのです。少々うがった見方かもしれませんが、力を見せれば、三流大学出身という〝ノーブランド〟は、むしろ、アドバンテージになるともいえるのではないでしょうか。

「彼はやるね。やっぱり、仕事は出身大学じゃないな。彼は相当見どころがある男だよ」

といったことにもなる。力を見せられるかどうかが最大のポイントです。なにが必要でしょうか？　わたしは「本気」だと思っています。常に本気で仕事に取り組む。本気になったら、努力を惜しむなんてことはありませんし、それが可能性を開きます。

それに、本気でやったら、仕事は必ずおもしろくなります。しかも、やる気、元気がついてきます。すると、自分なりの発想や工夫も加わりますから、ほかの誰とも違う〝自分の色〟が仕事で表現できるのです。

「彼の仕事はひと味（ひと色）違うね。彼でなければ、ここまで丹念に仕上げてくれない。ほかの人間じゃまねできないね」

周囲にそんな評が定着したら、存在感は揺るぎないものになるに違いありません。極めるというレベルにどんどん近づきます。

誰にでもその道は開かれています。やってみる前からやる気をなくしてしまうことは、その道をみずから閉ざすことに等しいのです。まずは、本気になることです。

本気になれば、やる気、元気がついてくる。
それは、みずからの可能性を開くことにほかならない。

歳月不待人《さいげつひとをまたず》

時間は刻一刻と過ぎていく。一瞬たりとも待ってくれない。かぎりある人生の時間を大切に生きなければいけない、ということ。

よく知られた言葉です。時間はどんどん過ぎ去っていき、過ぎ去った時間はけっして戻らない。そのことは誰でも知っています。しかし、知っていながら、時間を最大限有意義に使うことができないのも、また、人間なのだといえるのではないでしょうか。

どんな仕事にも仕上げなければならない期限があります。さあ、期限まで一週間。考えることはどんなことでしょう。

「まだ、一週間あるのか。始めるのは明日からでいいな」

時間は充分にあると自分に言い訳して、先送りにするわけです。そして、明日になったら、「まだ大丈夫、明日からやることにしよう」ということになるのではありませんか？

その結果、土壇場になって着手することになり、やっつけ仕事になったりもする。しかし、なにをするにしても、先送りしていいことはなにひとつないのです。

「期限は一週間でも、自分は三日で完成させられる。だったら、最後の三日間でやってどこが悪い？」

仕事に支障をきたさないという意味では、どこにも悪いところはないでしょう。余裕があるのだから、最初の四日間は手をつけず、その後の三日間で仕事に取り組めば期限は守られます。

しかし、手をつけないでいる四日間は、〝やらなければいけないこと〟が常に頭にある四日間ではないですか？　一方、最初の三日間で仕上げてしまえば、残りの四日間は頭にも心にも、なにも憂いがない日々ではないでしょうか？

状況が許すのであれば、四日間休みをとって旅行にだって出かけられます。積み残した仕事があったら、そうはいきません。かりに旅行に出かけたとしても、「帰ったら、仕事をやらなければいけないのか」という思いがあるはずですから、心底旅行を楽しむというわけにはいかないでしょう。

「先憂後楽《せんゆうこうらく》」という言葉もあります。憂いごとは先に片づけてこそ、その後、心ゆくまで楽しめるのです。

やるべきことは、ただちにやる。それが時間を有意義に使うための鉄則です。やる気を出すのは、ただいま、そのとき、しかないのです

また、こんなことをいう人がいます。「やるときにはやるんだから！」。では、

その〝やるとき〟とはいつなのですか？　結論をいえば、やるときなどやってきません。

この台詞を口にする人が、やるときを得て、みごとにやってみせた、という例をわたしは知りません。永遠に同じ台詞を繰り返し、なにもやらないままで終わるのです。

「即今《そっこん》、当処《とうしょ》、自己《じこ》」。これも禅の言葉ですが、その瞬間に、自分がいるその場所で、みずからがやる、ということの大切さをいったものです。そうであってはじめて、待ってくれない時間を、十全《じゅうぜん》に生きることができる、といっていいでしょう。心に刻んでおきませんか？

時間を有意義に使うには、
いま、その瞬間に、やる気を出すしかない。

巌谷栽松《がんこくにまつをうえる》

岩の多い切り立った谷に松を植える、というのがそのままの意味。巌谷は迷いのなかにいる人びとの心を、松は仏の教えをあらわす。すぐに結果は出なくても、いま教えを説くことが、いずれ人びとの心の安寧につながる、ということ。

まず、禅語の由来を紹介しましょう。

臨済義玄禅師《りんざいぎげんぜんじ》が険しい谷に松を植えている姿を見て、師にあたる黄檗希運《おうばくきうん》禅師《ぜんじ》が尋ねます。「なぜ、そのような場所に松を植えるのか？」。臨済禅師はこう答えます。「一つには景観のため、二つには後人の標榜のため」。

標榜とは、のちの修行者がである後人が、「ああ、先人たちはここで修行をしたのか」とわかる目印という意味でしょう。

いずれにしても、松が成長するには時間がかかりますから、臨済禅師は二つの目的が果たされるかどうかを生きて見届けることはできません。しかし、あえて松を植えるのです。結果に頓着せず、いま、自分のできることをやる。そのことの大切さをこの禅語はいっているのです。

なにかをしたら、その結果をたしかめたい。誰もがそう思っているのではないでしょうか？　仕事で一生懸命頑張ったら、周囲に評価される結果が欲しい、異性を心から思ったら、相手にもこちらを振り向いて欲しい、誰かのために骨を折ったら、感謝の言葉が欲しい……。

考えてみれば、それはしかたのないことかもしれません。「結果は二の次」という言葉はあるものの、ほんとうに結果には拘泥《こうでい》しない、と自信を持っていえる人はどのくらいいるでしょうか？　裏返せば、結果が得られないことはやりたくない、やる気が起きないということでしょう。

たとえば、会社に業績が悪化している部署があり、その整理を担当することになったとします。部署をなくしてしまうのが仕事ですから、こんな思いになるかもしれません。

「いってみれば、〝事後処理屋〟〝後始末屋〟じゃないか。やりがいを感じろったって無理だよ。やる気になんかなれるわけがない」

気持ちはわからないではありません。イメージとしては、プラスを生み出し、積み上げる仕事ではなく、マイナスを少なくする地味な仕事です。称賛されるような結果が残るわけでもなく、評価というものとは無縁かもしれません。

しかし、その仕事をビジネスパーソンとして命をかけてやり終えたら、かりに自分が仕事から退いたあとであっても、後輩たちの仕事が格段にやりやすくなるといったことは、十分に考えられると思うのです。

不採算の部署を切り捨てたことで、他の部署に資金がまわるようになり、会社全体の業績がおおいに伸びるかもしれません。自分はその業績の伸びに関われなくても、後始末屋として動いたことが、業績につながっているのです。

結果も、成果も、次世代が出せばいい、時間がかかるのであればその次の世代でもいい。自分はいまその地ならし、土台づくりをやってやる。そう考えたら、やる気がみなぎってきませんか？

結果に頓着しなくなると、やるべきことがはっきりします。やる気を持ってそのことに取り組むことができます。

すぐ結果を求めるからやる気がそがれる。
後の世代が結果を出すためにいまやるべきことをしよう。

他不是吾《たこれわれにあらず》

他人がしたことは自分がしたこと
にはならない。目の前のことを渾
身の力でやってこそ、自分の成長
の糧になる、ということ。

これは道元禅師が中国に渡ったときの経験から生まれた言葉です。禅師は暑いさなか炎天下で椎茸を干している老典座《ろうてんぞ》（典座は食事を扱う重要職）を見て、「そのような仕事は誰か若輩の者にさせればよいではありませんか？ なぜ、そうなさらないのですか？」と尋ねます。

それに対する老典座の答えが、「他人がしたことは自分がしたことにならない」というこの禅語だったのです。道元禅師は深く感じ入ります。

仕事の経験を積むと上司として部下を束ねる立場にもなります。その立場上、自分が最前線に立つより、指示命令で部下を動かすことが増えてくるでしょう。

そこで大切になってくるのが、いかにして部下のやる気を喚起するかです。手法はいろいろありそうです。

「いいか、営業はとにかく足を使うことだ。徹底的に得意先をまわれ」

これは発破をかけるタイプでしょうか。大号令にはたしかに、人を動かす効果はあるでしょう。しかし、その一方で自分がふんぞり返って、デスクで新聞やら雑誌やらを広げていたら、その姿は部下にはどう映るでしょう。

「課長はいいよな。口で〝やれ、やれ〟といっていればいいんだから。実際に動くこちらの身にもなってみろっていうんだ」

やる気を高めるどころか、逆効果になる公算のほうが大きいのではないでしょうか？

禅語に「行解相応《ぎょうげそうおう》」というものがあります。理論と実践が相応ずる、つまり、一致しているという意味です。「知行合一」「言行一致」とほぼ同じです。

このケースでいえば、発破をかけるだけでなく、上司みずからが率先して、自分が蓄積したスキルやノウハウを伝授する、自分が持っていた顧客のリストをコピーして部下に配る、といった行動が「行」、すなわち、実践にあたるといえるかもしれません。それが伴っていたら、部下の受けとめ方もまったく違ったものになるはずです。

なかには、部下の手柄を自分が一人占めにしてしまう上司もいないではないと聞きます。これはもう論外。自分がしてもいないことを自分がしたことにするわけですから、禅語とは反対の所業です。

当然、上司としての自分が成長することもあり得ませんし、部下のやる気を失わせ、いずれは部下から総スカンを食らい、上層部から管理能力なし、と見られるのは明らかでしょう。

「みんなよく頑張ってくれた。これはみんなのお手柄だぞ。ほんとうにありがとう」

他人がしたことは他人のもの（成果）と認める。それが上司に求められる度量であり、部下をやる気にさせる最良の方法である、といっていいかもしれません。

誰がしたことなのかを正しく判定する。
それが人をやる気にさせ、動かす〝極意〟。

人間到処有青山《じんかんいたるところせいざんあり》

青山とはお墓のこと。青山は至るところにある。自分が一生懸命生きたら、そこが青山（骨を埋めるべき地）である。

日本を離れ、異国で暮らす人がもっとも強く持つ思いは、望郷の念だそうです。故国や故郷はやはり格別なもの、どこよりも居心地のよさを感じさせてくれる場所なのでしょう。

視点を仕事という場面に転じても、居心地のよさ、悪さがあるのではないでしょうか?

「入社したときから商品企画をやりたかったんだ。企画部に配属されてよかった。めいっぱい頑張るぞ」

これは居心地がよいケース。やる気、ますます高まる、といったところでしょう。しかし、会社の人事は必ずしも自分が望むとおりになるわけではありません。

思惑が外れたり、期待が裏切られたりすることもある。企画がやりたいのに経理部に配属されたり、営業を望んでいたのに総務部にまわされたり……。

そこで腐ってしまう人がいるかもしれません。しかし、それではその部署での居心地が悪くなってしまいます。仕事もどこか中途半端になりそうです。

自分に与えられた仕事がなんであれ、それは縁によってもたらされているのです。そこでしっかり縁を結び、精一杯自分を発現していく。大切なのはそのことです。

自分が望む仕事なら能力が発揮できても、そうでない仕事では力が出せない、などというのは思い込みでしかありません。本塁打の世界記録を持つ王貞治《おうさだはる》さんは、投手として巨人軍に入団しました。しかし、投手では芽が出ず、野手（一塁手）に転向したわけです。その際、

「自分は投手でこそ活躍できる。野手にはなりたくない」

と主張していたら、打撃の才能が開花することはなかったでしょうし、もちろん、あれほどの実績を残すこともできなかったはずです。

商品企画をやりたいということと、そこで能力が発揮できることは、別のことです。もちろん、得手不得手、向き不向きはあるでしょう。しかし、それを見極めるには、少なくとも、三年～五年程度は与えられた仕事で全力を尽くしてみる必要があります。

その間にその仕事の思いがけないおもしろさ、想定外のやりがいに気づくかもしれません。また、そこでの経験がいつか望んでいた部署に移ったときに活

かせるということもあるでしょう。

居心地のいい場所、悪い場所があるのではないのです。その場所を居心地のいいものにするか、悪いものにするかは、ひとえに自分にかかっているのです。

こんな言葉があります。

「どの道も歩いてみれば花盛り」

これに倣《なら》えば、「どの場所（仕事）も精魂込めれば晴れ舞台」という言い方ができるかもしれません。あくまで、自分しだいです。

居心地のよさ、悪さを決めるのは自分。
石の上にも三年。そこでとことん頑張ってみる。

生死事大《しょうじじだい》 無常迅速《むじょうじんそく》

生とはなにか、死とはなにか、人はどう生きるべきかを解き明かすことは、もっとも大事なこと。ときは速やかに流れるため、時間を惜しんで精進しなければいけない。

禅寺や禅の修行道場には木版《もっぱん》という、打ち鳴らして音を出す木の板がかかっています。そこに書かれているのがこの禅語です。これにはさらに二つの文言が続きます。

「各宜覚醒《かくぎかくせい》」「慎勿放逸《しんもつほういつ》」がそれです。その意味は、それぞれがしっかり目覚め、修行に打ち込みなさい、ということ。いってみれば、禅の修行に取り組むうえでの覚悟を促すのがこの四つの文言なのです。

みなさんはいつもどのような朝を迎えていますか？　さわやかに目覚めて、「さあ、今日も頑張っていくぞ」と気合い十分な朝もあれば、「なんだかいまひとつ気分が乗らないな」という、けだるさを引きずった朝もあるのではないでしょうか？

修行中は気合いが入っていようが、けだるかろうが、その日にやらなければならないことがびっしりと詰まっていますから、いや応なしに、修行に集中せざるを得ません。

しかし、一般の生活では、どんなふうに朝を迎えたかで、その日一日はよほど違ったものになるのではありませんか？　気分が乗らない朝から始まった一日がどのようなものになるかは、容易に想像がつくところです。

仕事ははかどらない、人間関係もどこかうまくいかない……。きっと、そんな一日になるはずです。そして、不完全燃焼で充実感の薄いまま流れていったその一日も、二度と取り返せない時間として、人生に積み重ねられる。人生の一ページとなるのです。それではもったいない気がしませんか？

中国の瑞巌師彦禅師《ずいがんしげんぜんじ》という和尚《おしょう》は、毎朝坐禅をしながら、「主人公？」と自分に問いかけ、みずから「はい」と答えていたと伝えられています。ちなみに、禅でいう主人公は本来の自分ということです。

さらに、和尚は「しっかり目覚めているか？」と問い、これにも「はい」と答えていたといいます。この一連の一人問答は、その日一日を本来の自分として生きるための〝儀式〟だったのでしょう。

人生の時間にはかぎりがあります。そのかぎりある時間はあっという間に過ぎていきます。本来の自分を見失ったまま、しっかり目覚めないまま、やり過ごしていいものでしょうか？

みなさんもなにか、本来の自分になる、しっかり目覚める、朝の儀式を考えてみてはいかがでしょう。窓を開け放ち、大きく深呼吸をして、「よし、今日もやるぞ」と一声出すのもいいですし、「今日もいい一日だ。ありがたいなぁ」と心に語りかけるのもいい。けだるさを吹き飛ばすのです。

時間にしたら一〇秒もあれば十分。しかし、そのたった一〇秒が、身心ともにシャキッとして一日を始めるための、きわめて有効な儀式になるでしょう。

どうぞ、毎朝、しっかり生きる〝覚悟〟を固めて、その大切な一日をスタートさせてください。

時間はあっという間に過ぎていく。
いつも「主人公」で生きよう。

Column

やることを楽しむ発想なら、なににでも打ち込める

わたしは寺の住職ですが、庭園（禅の庭）のデザイン、作庭《さくてい》の仕事もさせていただいています。その仕事をするうえで、自分自身のやる気の〝ある〟〝なし〟を感じたことがありません。好きな仕事ですし、常に楽しんで取り組んでいますから、自然にそれに打ち込めるのです。

その経験からいえば、やる気が出ないのは楽しくないからでしょう。そして、楽しいと感じられないのは、「やらされている」という感覚があるからです。それでは打ち込めるわけがない。大切なのは主体的に「やる」という意識です。すると、自分なりの工夫も生まれ、仕事に自分の色を出すことができます。ほかの誰とも違う自分ならではの流儀で仕上げてやる、と考えたら、どんな仕事も楽しくなると思いませんか？

楽しい仕事を求めるという発想ではダメです。それがなんであれ、やるべき仕事を楽しむという発想が大事です。それが禅の考え方です。そうしていたら、どんなことにでも打ち込めます。

第6章
「落胆」から脱する

日々是好日《にちにちこれこうにち》

人生には、楽しく喜びに満ちあふれた日もあれば、つらく悲しみに打ちひしがれる日もある。どんな日も人生にかけがえのない経験をもたらしてくれる一日、ということ。

人生は日々の経験によって紡がれていきます。もちろん、心弾む経験ばかりがあるわけではありません。むしろ、その逆の経験のほうが多いのが人生でしょう。

仕事でミスをした、人間関係をしくじった、恋人に別れを告げられた、子どもとの関係がギクシャクしてしまった……。人生は天気にも似て、爽快に晴れ渡った日もあれば、どんよりと曇った日もある。また、心が塞ぐような雨の日もあるのです。

しかし、そのどれもが人生のなかで、その日以外にはできない経験、かけがえのない経験です。そうであるから、どの日も「好日」、すばらしい日である、と禅語はいっています。

人生でただ一度、その日にしかできない経験なら、真正面から受けとめる。それが禅の考え方です。真正面から受けとめるとは、斜に構えたり、シニカルに捉えたりするのではなく、湧き出てくる感情そのものに、素直にひたりきることと、といっていいでしょう。

経験が気落ちするものであったら、とことんまで気落ちすればいいのです。やせ我慢をしたり、虚勢を張ったりする必要はありません。心がしぼんだら、しぼんだままの心になりきっていればいい。

ジャンプをするときには、いったんひざを曲げて、低く沈み込むはずです。それと同じで、落ち込みきるから、心がグンと上昇する、前向きになれるのです。

仕事で失敗して、悔やみきったという経験があると、同じ境遇に置かれた人の気持ちがわかるようになります。もし、親しい人がそんな思いにとらわれて、打ち沈んでいたら、その気持ちにそっと寄り添うことができるでしょう。対応も的確なものになる。

「あのときキミは、とってつけたような慰めの言葉なんか、いっさい口にしないで、黙ってそばにいて酒を酌み交わしてくれた。あれで吹っ切れたなぁ。ほんとうにありがたかったよ」

いつか相手からそんな言葉が語られるに違いありません。寄り添うことで、その相手との絆が生まれるのです。失敗の悔恨《かいこん》をくらまして（中途半端にして）いたら、通り一遍の対応しかできません。両者の違いは人間の器の違いだといっていいのではないでしょうか？

気持ちが落ち込むようなつらい経験、苦い経験、悔しい経験、悲しい経験……は、心を磨く研磨剤である、とわたしは思っています。心を磨き、強く、しなやかに、やさしく、してくれるのです。それは、人間としての器を広げることにほかなりません。

さあ、みなさんにとって今日は、明日は、どんな日でしょう。でも、もう安心です。いかなる日も「好日」として受けとめる心の構えは、すでにできているのですから……。

毎日がかけがえのない経験をもたらしてくれる。
それが「好日」、すばらしい日でないわけがない。

而今《にこん》

絶対の命の真実は「いま」にしかない。そのいまを大切に生きる、ということ。そのことのほかに、できることはない、やるべきことはないのである。

この禅語もそうですが、禅では繰り返し、「いま」が大切である、と説いています。いまに心を注ぎ、身体で打ち込めば、おのずから安心なのですが、これがまさに、「いうは易く、おこなうは難し」です。

不安がいっぱいで心が塞がり、仕事が手につかない、食事も喉を通らない、といったことがあるかもしれません。さて、その不安ですが、禅ではこんなふうに捉えています。

禅宗の始祖である達磨大師《だるまだいし》と二祖《にそ》になる慧可《えか》との間で、こんな会話が交わされました。

「わたし（慧可）はいまだ不安から脱することができません。お師匠さま（達磨大師）、どうかわたしの心を安らかにしてください」

「わかった。ならば、その不安な心とやらをここに持っておいで。そうしたら、安心させてやろう」

慧可は必死になって不安な心を探します。しかし、どうしても探し当てることができません。そこで、そのことを師に伝えます。

「いくら探しても、不安な心が見つかりません」

ここで、達磨大師はいいます。

「ほら、もう、おまえの心を安心させてあげたではないか」

「達磨安心《だるまあんしん》」という公案のもとになっているエピソードです。不安な心が見つからないということは、すなわち、不安がない、心は安んじている。達磨大師はそういっているのです。

不安は心が勝手に作り出す幻のようなものであって実体などはない、とするのが禅です。そのことに気づけば、どんなときも、そのままで、安心なのです。

幻を作り出してしまうのは、「而今」に徹していないからでしょう。目の前に仕事があるなら、一心に仕事に集中する。食事をするのであれば、食事をすることに心を注ぎ、身体で打ち込む。それが、「而今」に徹するということです。

仕事が手につかない、食事が喉を通らない、というのは、本来するべきそのことをしないで、不安という幻を作り出し、勝手に作り出したその不安に振りまわされているからです。

人は一度に一つのことしかできませんし、その瞬間にやるべきことは一つしかないのです。その一つから目をそらさず、着実にやっていくことです。

これは〝慣れ〟の問題かもしれません。禅の修行の中心ともいえる坐禅でも、修行を始めた当初は、坐禅をしながら食事のことを考えたり、足の痛みに思いが向いたりしていたものです。

しかし、慣れてくると、なににもとらわれなくなり、坐禅に集中できるようになるのです。心地よさだけに包まれるようになる。いつも〝而今に徹しよう〟という意識でいてください。すると、慣れてきて、やるべき一つのことに集中できるようになります。

いまやるべきことだけを、精一杯やっていく。
それが、心の安心につながる。

三級波高魚化龍《さんきゅうなみたこうしてうおりゅうとけす》

三級は山を切り開いてできた三段の滝のこと。激しく水が落ちるその滝を越えていった鯉は、龍となって天に昇るという意味。転じて、難関を乗り越えたら、先の世界が開かれる、ということ。

「登龍門」という言葉はよく知られています。難関を突破するということですが、その龍門を登るということが、まさにこの禅語がいわんとするところです。

人生、山あり、谷あり。活力にあふれ、思うようにものごとが進む時期もあるでしょうし、失意のなかで歩を前に運べなくなりそうな時期もあるでしょう。後者は人生の踏ん張りどころです。そこで、

「どうしてこんなことになってしまったんだろう。完全に運に見放された感じ。いや、運なんて生まれつき持っていないんだ」

とその状況をネガティブに捉えたのでは、落ち込みからなかなか立ち直れなくなります。〝思いは実現する〟という言葉もあるくらいです。悪い方向でものごとを考えたら、ものごとは悪いほうに、悪いほうにと流れるのではないでしょうか？

厳しい状況、難局は〝試練〟と捉えるのが、禅的な思考といっていいでしょう。

「たしかに厳しいことになった。しかし、これも与えられた試練なのだ。なんとか乗り越えて、これも成長の糧にしてやるぞ。よぉし！」

こんな禅の捉え方をキリスト教も後押ししてくれています。禅僧のわたしが

引くのは、少々、気が引けるのですが、新約聖書に次の言葉があります。「神は真実な方ですから、あなたがたを耐えられないほどの試練に遭わせることはなさいません。むしろ、耐えられるように、試練とともに脱出の道も備えてくださいます」（コリント人への手紙第一　一〇章一三節）

耐えられない試練に遭わせないということは、どんなに苛酷な試練に見えても、与えられた人はそれに耐えることができるということでしょう。また、脱出の道も備えてくれるということは、その試練を乗り越えていく術が必ずあるということでしょう。

このことをまず腹に据えることが大切です。そのうえで、けっして諦めないこと。激流を登る鯉はいったい何回くらい滝に挑むのでしょう。おそらく、数えきれないほどの挑戦ののち、ようやく滝を越えていくことができるのだと思います。

言葉を換えれば、何度跳ね返されても、諦めなかった鯉だけが、超えていけるということ。そう。諦めなければ、どんな試練も乗り越えられるのです。

禅ではまた、よき指導者（お師家《しけ》さん）の存在が大切であるとしています。自分が心から信頼できるお師家さんについて学べば、誰もが道を究められるというのが禅の考え方です。

試練に遭ったときも、よき相談相手がいると心強い。近親者や恩師、上司や先輩のなかに、自分が全幅の信頼を寄せている人はいないでしょうか？　もしいたら、その人にアドバイスをいただくことも、乗り越える大きな力になると思います。

立ち塞がる難局は、試練と捉える。
人は乗り越えていける試練しか与えられない。

少水常流如穿石《しょうすいのつねにながれていしをうがつがごとし》

わずかな水でも石を打ち続ければ、やがてそれを突き貫くことができる。精進は怠ることなく、続けていくことが大事である、ということ。

人はなにか行動を起こすとき、成功イメージを描くものです。行動する前から「うまくいかなかったらどうしよう？」などと失敗のことばかり考えていたら、一歩を踏み出せなくなります。

しかし、なにをするにしろ、失敗のリスクがないわけではありません。問題は実際に結果が失敗に終わったときでしょう。一時的に意気消沈するのは致し方なしですが、それが行動力を失わせてしまったら、成功は遠のいていくことになります。

「石橋を叩いて渡る」という言葉があります。慎重にものごとを進めるのはいいことですが、失敗経験はともかくすると、石橋を叩くだけでいっこうに渡らないという、慎重すぎる姿勢にもつながる。

渡らなければ、つまり、行動しなければ、たしかに失敗することはないでしょう。しかし、やって失敗した後悔より、やらなかった後悔のほうがずっと大きいのです。

発明王といわれたトーマス・エジソンは、失敗についてこんな言葉を残しています。

「わたしは失敗したことがない。ただ、一万通りのうまくいかない方法を見つけただけだ」

極めつけのポジティブシンキングでしょう。この方法ではうまくいかないということを発見することは、うまくいく方法に一歩ずつ近づくことです。

一万通りのうまくいかない方法を見つければ、一万一通りめの方法が成功に結びつく可能性は相当高いといっていいのではないでしょうか。それがだめなら、一万二通りめを試みたらいい。

この言葉から汲みとるべきは、失敗にめげず、行動を継続することの大切さ、やり続けること、努力（精進）し続けることの大切さでしょう。一滴の水も石を打ち続ければ、穴を穿《うが》つことができるのです。

たとえば、仕事が結果的に失敗に終わったとしても、スタートからゴールまでのすべてのプロセスが失敗だったということはあり得ません。どこかに失敗の因《もと》がある。着手時の準備が足りなかった、進行過程で読み違いがあった、詰めの段階で甘さがあった……。原因はさまざま考えられます。必要なのはプロセス全体を検証して、失敗の原因を明らかにすることです。

原因がわかったら、次の仕事では同じ失敗はしません。準備は周到にするでしょうし、進行過程では幾通りもの筋読みをするようになるでしょう。また、詰めの段階にきたら、万全の態勢を固めてその場に臨むようになるはずです。

失敗が活きて成功に導いてくれるのです。一度や二度の失敗で落胆して、心を縮こまらせている場合ではありません。やり続ける先には必ず成功があります。

失敗はうまくいかない方法の発見。
やり続けたら、失敗が成功への一里塚になる。

風来自開門《かぜきたりておのずからもんひらく》

無理にこじ開けようとしても門は開かない。風が吹いてきたら自然に開く。行き詰まってもジタバタしてはいけない。じっと機が熟すのを待つことが大切である。

日本で臨済宗を開いた栄西禅師《ようさいぜんじ》の言葉です。当時新仏教であった禅宗は既存の仏教各派からさまざまな迫害を受け、よからぬ風聞《ふうぶん》も立つほどでした。朝廷もこれを見過ごすことはできず、禅宗禁止令を出すまでになったのです。

しかし、栄西禅師はその状況を慌てず、騒がず、むろん、落ち込むことなどなく受けとめ、必ず、風が吹いて門が開く、禅宗が受け容れられるときがくる、その時機を待てばよいのだ、として泰然たる姿勢を崩しませんでした。

ただし、なにもせずにただ待っていればいいということではないのです。自分ができることは精一杯やり、日々努力を重ねたうえで待つ。「おのずから」の意味はそういうことだと思います。

わたしがこの言葉で思い出すのは、かつてあったビデオ（デッキ）戦争のことです。中高年以上の人は記憶にあると思いますが、ビデオデッキの規格に関して、ベータマックス（ソニー）とＶＨＳ（日本ビクター、現ＪＶＣケンウッド）が、熾烈な競争を繰り広げたのです。

先行していたのはベータマックスでした。しかし、最終的にはＶＨＳが勝利を手にしたのです。注目すべきはその開発チームのメンバー。じつはリーダーをはじめ、誰もが、いわゆる〝窓際族〟だったのです。

ビジネスパーソンにとって、もっともつきたくないポジションは「窓際」でしょう。その「辞令」を受けとったら、腐りもするし、気落ちもするのがふつうです。とくになすこともなく、ただ就業時間中はデスクに座っている。それが一般的な窓際族のイメージではないでしょうか。

しかし、このメンバーは違いました。VHSは使う部品が少なく、安価で消費者に提供できるということをはじめ、消費者が享受できるメリットがはるかに多いという信念を持って、開発にあらんかぎりの情熱を傾けたのです。

そこに風が吹き、VHSは〝世界標準〟になった。もし、メンバーが、

「どうせ、自分たちは窓際。一生懸命やったってしかたがない。ぼちぼちやって、給料もらえばいいじゃないか」

などと考えていたら、ベータマックスの牙城は崩せなかったのではないかと思います。どのような姿勢で風を待つか。待ち方が重要です。

不遇な時期こそ情熱を持ち続け、コツコツ続ける努力を惜しまないことです。それを支えるのは、自分のやっていること、やろうとしていることが、世の中

の役に立つ、社会をよくする、人びとのためになる、人びとに喜んでもらえる、という信念でしょう。

その信念が揺るがなければ、世の中から受け容れられるときがきます。人びとに認められる日がやってきます。

時代を超えて語り継がれ、受け継がれてきた禅語は、その内に真理が宿っているのです。


ただ、漫然と待っていても風は吹かない。

情熱を持ち続け、努力を惜しむな。

喜色動乾坤《きしょくけんこんをうごかす》

喜びに満ちあふれた人は、天地を動かすほどの力を持っている。いつも穏やかな笑顔でいよう。そんな人の周囲には自然に人が集まり、和やかな交流が生まれる。

人は人との関わりのなかで生きています。ですから、いい人間関係、人との心地よいつながりを築けるかどうかが、人生を大きく左右するといっても過言ではありません。

いまはＳＮＳがコミュニケーションの主流になり、若い世代はとくに大勢の人とつながっているかに見えます。しかし、わたしはそのつながりがほんものであるかどうかについて、懐疑を持っています。

たとえば、自分が深く落ち込んでいるとき、ＳＮＳを介した〝友人〟たちが、その思いを共有してくれるでしょうか？　本気になって手を差し伸べてくれると思いますか？

おそらく、そうはしてくれない。してくれる人がいたとしても、一人か二人いればいいほうでしょう。大勢の人とつながってはいても、ＳＮＳでのつながりは希薄なのです。

やはり、ちゃんと顔と顔を向き合わせ、生の言葉を交わし合いのなかでしか、いい人間関係は築けないのではないでしょうか。その際に重要なのは笑顔です。

禅語がいうように、喜びに満ちあふれた人は、人を惹きつけるパワーを持っています。では、心の内にあふれる喜びをあらわすのはなんでしょうか。なによりも笑顔ではありませんか？

誰でもいつも笑顔でいる人には親しみを感じますし、好感も持つものです。心を開いてもくれる。心の交流が生まれ、いい人間関係が築かれていくのです。誰だって顰《しか》めっ面、仏頂面の人には近づきたいとは思わないでしょう。

もう一つ、禅語を紹介しましょう。「和顔愛語《わげんあいご》」。「和顔」はまさしく穏やかな笑顔のことです。そして、「愛語」は相手を思い、その心に寄り添った、慈しみのある言葉のことです。愛語について道元禅師はこういっています。

「愛語よく廻天《かいてん》の力あることを学《がく》すべきなり」

廻天の力とは、乾坤《けんこん》（天地）を動かす力です。和顔に愛語が加わったら、その力は絶大。人を惹きつけるパワーは数層倍になりますし、人間関係もますます深まっていくに違いありません。そうした人間関係が、落ち込んだときの救いになるのは、いうまでもないでしょう。

最初は少し頑張ってでも、いつも笑顔でいるようにつとめませんか？　そうすることで、笑顔が板についてきます。禅の修行では一〇〇日間が一つの目安になっています。

修行当初は坐禅もうまくはできません。しかし、一〇〇日間続けていると、さまになってくる、板についてくるのです。姿勢は正しいか、呼吸はこれでいいのか……といったことを考えるまでもなく、スーッと座れるようになります。

さあ、一〇〇日を当面の目標にして、笑顔でいる自分にトライしてみてください。

落ち込みを救ってくれるのはいい人間関係。
それを築く基本は〝笑顔〟にある。

Column

失敗はスキルアップの好機。そのことに気づく

　仕事であれ、プライベートな問題であれ、落ち込むのは失敗したときでしょう。失敗には必ず原因がありますから、それをきちんと検証する。落ち込んだときの対応は、そのことに尽きます。

　着手から失敗という結果に至るプロセスのどこがまずかったのか。それを明らかにすれば、どうすればよかったのかがわかりますから、二度と同じ失敗を繰り返すことはありません。つまり、失敗しないためのスキルが一つ手に入るのです。それは、落ち込みから立ち直る原動力になるでしょう。

「〜していたら失敗しなかった」「〜していればよかった」という〝たら、れば〟の発想は、悔いをふくらませ、落ち込みを深めるだけです。過去に戻ることはできないのですから、失敗の事実は率直に認め、失敗が教えてくれた自分に足りなかったものを補っていく方向に歩を進めましょう。

　失敗は自分を成長させてくれる宝です。くれぐれも持ち腐れにしないでください。

第7章

「焦り」から脱する

結果自然成《けっかじねんになる》

目先の結果を求めないこと。やることを一生懸命にやることが大事。そうすれば、放っておいても結果は自然についてくる。待っていればいい。

その是非はともかく、現代が競争社会であることは否めません。誰にでも競争心はありますし、それが努力をしようという意欲につながることも間違いないところでしょう。

会社の同期社員が営業成績でトップをとった。そんな状況では、

「自分もなんとかしなければ……」

という焦りが生まれるかもしれません。しかし、焦りから、結果だけに執着すると、つまり、同期をしのぐ成績を上げることばかりにとらわれると、困ったことになりかねません。

商品を売りさえすればいい、いわゆる〝売らんかな〟の気持ちで、仕事に取り組むことになったりするからです。

顧客に対して意図的に商品のメリットだけを大袈裟に強調し、売ってしまったら、アフターフォローはしない、といったビジネスのやり方がそれです。

結果は出るかもしれません。営業トップをとれることもあるでしょう。しかし、絶対、長続きはしません。このビジネススタイルでは、顧客は二度とその営業担当者と付き合いたいとは思いませんし、ましてや、ほかの顧客を紹介し

てくれることなど、あるわけもないからです。

一方、こんなビジネススタイルだったらどうでしょう。

顧客の話をよく聞き、そのニーズやウォンツをきちんと理解したうえで、メリットもデメリットも含めて、正しい商品説明をする。顧客に疑問があれば、ていねいに答える。商品を売ったあとも、顧客の求めに応じて、的確なアフターフォローをしていく……。

いたずらに結果を求めるのではなく、やるべきことを精一杯やる、というスタイルです。こちらなら、顧客との間に確実に信頼関係が生まれますし、ほかの顧客を紹介されることにもなるはずです。

「○○さんは、誠実だし、信頼できるよ。その商品が欲しいなら、彼を紹介するから、一度、話を聞いてみてよ」

そんなことが相次いで、顧客の輪はどんどん広がっていくことになります。一気に成績が上昇することはないかもしれませんが、徐々に、着実に、成績は伸びていくに違いありません。

気づいたら、同期を抜いて成績トップ。しかも、その座は揺るがぬものとなるのではないでしょうか。それが、やることを精一杯やったことで、自然についてくる結果です。

目先の結果を求めると、焦りにつながり、焦りは執着や邪念のもとになります。すると、その執着や邪念に縛られ、振りまわされることにもなっていきます。

結果はもたらされるもの、ついてくるものですから、自力ではどうにもできないのです。そうであるならば、おおらかな気持ちで、心静かに、待っているのがいい。そう思いませんか？

結果を求めすぎると、道を誤ることにもなる。
できることを精一杯やれば、それだけでいい。

心清意自閑《こころきよければおもいおのずからしずか》

心に雑念がなければ、どんな状況にあっても焦ることはない。湧き上がってくる思いも、その一つひとつが乱れることなく、閑《しず》かである、ということ。

わたしは庭園デザイナーとしての仕事もさせていただいています。手がけているのは「禅の庭」ですが、作庭の全行程をとおしていちばん大事にしているのは、心を整えて臨むということです。

「禅の庭」の主な素材は敷地、石、木（植栽）などです。作業はそれらと〝対話〟することから始まります。「地心《じごころ》（石心《いしごころ》、木心《きごころ》）を読む」という言い方をするのですが、それぞれの素材が語りかけてくるものを感じることがとても重要なのです。

その際、こちらの心に雑念があると、素材の〝声〟は聞こえてきません。閑かな澄みきった心でその場に立つ。すると、敷地の自然な姿をどのように活かすか、石をどの位置にどちらの方向を向けて据えるか、木の影をどこに落とすか……といったことがわかってきます。素材がそれを伝えてくれるのです。

いちばん避けなければいけないのは、思惑を持ち込むことです。完成した「禅の庭」はもちろん、そこを訪れた大勢の人が見ることになるわけです。そこで、思惑が入り込みそうになる。

「見る人を感動させるには、石をどんなふうに構成したらいいだろう？」

「誰もが目を見張って、その場に立ち尽くすような庭にしなければいけない。どうしたら、うまくそんな表現ができるか？」

そうした思惑が少しでもあると、作品はことごとく失敗します。思惑は雑念の最たるものだからです。心が力んで、感性、感覚が鈍くなり、十分にはたらいてくれないのです。

当然、作業は思ったように進みませんから、焦りやストレスも嵩《こう》じてくることになります。「禅の庭」にはそのとき、そのときの心がそのままあらわれます。心の在り様でどんな作品になるかが決まる、といってもいいでしょう。

みなさんも思惑が先行した行動をとりそうになることがあるのではないでしょうか？

「今度のプレゼンではクライアントを唸《うな》らせてやろう」

「しばらく水面下で交渉を進めて、指示しなくても〝できる〟部下だということを、上司に認めさせよう」

思惑には希望的観測が伴います。まず、その通りに運ぶということはありません。唸るはずのクライアントの反応が冷ややかなものだったり、「できる」と評価してくれるはずの上司から、「なぜ、事前の報告を怠った」と叱責されたり……。

心の動揺を誘いそうな事態です。そんなときは、できるだけ早くリセットして、閑かな心を取り戻すことです。そのためには静寂な環境に身を置くのがいちばんでしょう。

人のあまりいない海辺や山里などに出かけて、一人でしばしの時間を過ごすのもいいですし、もちろん、禅寺に佇んでみるのもいい。周囲の静寂が心にしみ入ってきます。

思惑は気持ちを焦らせる雑念の最たるもの。
静寂に身を置いて心に閑けさを取り戻そう。

水到渠成《すいとうきょせい》

水が流れるところには、必ず、自然と渠《みぞ》ができる。流れを止めずに流れ続けることが大切。人も努力をやめない、ということ。

水の流れが刻む渠も、流れが止まれば、そこに草が生え、やがて落ち葉も溜まって、埋もれてしまいます。努力してもなかなか結果が出ないからといって、そこで努力をやめてしまえば、もとの木阿弥《もくあみ》。それまで努力したことさえも水の泡となってしまうのです。

禅の修行に終わりはありません。「もう、これでいい」ということがないのです。努力にも終わりがない。やり続けるしかありません。

「そういわれても、結果が見えないと、気力が萎える。気持ちに焦りも出てくる」

そうかもしれません。しかし、こんな禅語もあるのです。

「擔雪塡井《ゆきをにのうてせいをうずむ》」

その意味は、雪を運んできて井戸を埋める、ということです。水がたまった井戸にいくら雪を投げ込んでも、投げ込んだそばから雪は溶けてしまいますから、井戸が埋まるということはありません。

いくらやり続けても、けっして結果が出ない努力、水泡に帰すことが決まっている努力です。しかし、それでもなお懸命に努力を続ける。禅はその姿を美しいとするのです。

現在の日本のビジネス界は、どんどん成果主義に傾いています。評価されるのは結果だけで、そのプロセスに目が向けられることはほとんどないといっていいでしょう。

「結果オーライ」という言葉もあります。結果さえよければ、プロセスがどうであろうとかまわないというわけです。もちろん、そのことに一理もないとはいいませんが、自分の心の晴れやかさという点で、これはどうなのでしょうか？

たとえば、自分としてはたいした努力もせず、中途半端にしか力を出せなかったのに、すばらしい成果が上がったというケース。周囲からは賞賛の声があがるかもしれませんが、その声を胸を張って、心晴れ晴れと聞けるでしょうか？

どこかに気恥ずかしさや後ろめたさがあるのではないか？　わたしはそう思ってしまいます。少なくとも、自分自身に納得感はないはずですし、努力から目を背けた自分を美しいとは思えないのではないでしょうか。

では、最大限の努力をし続けても、成果が上がらなかった場合はどうでしょう。賞賛の声はなくても、自分に納得することはできる。わたしはそう思います。

その自分は十分に美しいですし、自分を誇らしく感じていい、と考えています。
曹洞宗の坐禅の本分をいう言葉に「只管打坐《しかんたざ》」があります。ひたすら、ただ、座る。なにかを得るためでもなく、何者かになるためでもない。座ることそれ自体がすべてであり、ほかにはなにもないとする考え方です。成功するため、成果を上げるため、といった〝冠〟を外したら、もっと、もっと、美しく努力できる気がします。

「〜ため」を外すと、ひたすら、ただ、努力できる。
純粋な努力は結果にかかわらず美しい。

喫茶去《きっさこ》

「お茶でもおあがり」というのがそのままの意。つまり、心理は遠くにあるのではなく、日常のふるまい、一杯のお茶を無心で飲むその姿に真理がある、ということ。

まず、この禅語の成り立ちをお話ししましょう。

中国唐代を生きた趙州従諗《ちょうしゅうじゅうしん》という禅師がいます。ある寺に逗留《とうりゅう》していた禅師のもとを何人もの修行僧が訪れ、教えを乞います。禅師は修行僧たちに、以前にもここに来たことがあるかどうかを尋ね、「ある」と答えた人にも、「ない」と答えた人にも、同じ返答をします。それがこの「喫茶去」、「お茶でもおあがり」でした。

それを奇異に感じた寺の院主《いんじゅ》（住職）が禅師に尋ねます。「なぜ、来たことがある人にも、ない人にも、お茶を飲ませるのですか？」。それに対する禅師の答えもまた、「喫茶去」だったのです。

ただ、無心でお茶を飲む（一つのことをする）という、そのことに真理があり、心の安寧もあるのだ、というのが、禅師がこの禅語でいわんとしたことでしょう。

人はとかくいろいろなことを同時に考えがちです。とりわけ、時間に追われて気持ちが急いているときは、あれもやらなければ、これにも手をつけなければ……と考えるのではないでしょうか。

そんな思いは雑念ですから、結局、やるべきことに無心で取り組むことができなくなります。仕事でいえば、集中することができず、中途半端な取り組みになってしまうわけです。

「しかし、焦っていると、なにをすべきかが見えなくなってしまうことがある」

そうかもしれません。それについても趙州禅師がヒントを残しています。「趙州洗鉢《ちょうしゅうせんぱつ》」の公案として知られるものがそれです。修行に入って間もない僧が禅師にこう尋ねます。

「これからどのように修行していけば、悟りの境地に至れるのか、どうか、ご教示ください」

以下がそれに続く問答です。

「おまえさん、朝の粥《かゆ》は食べたかな?」

「はい」

「それでは、（器として使った）鉢を洗っておきなさい」

食事をしたら、使った食器を洗うのは〝当たり前のこと〟です。その当たり前のことを、当たり前に無心（ただ、一生懸命に）でやる。それ以外に修行などない。趙州禅師はこの問答でそのことを示したのです。

〝当たり前〟がキーワードです。多忙で気が急いているそのとき、目の前の〝当たり前のこと〟はなんでしょうか。デスクが書類などで雑然としていたら、それを片づけることが〝当たり前のこと〟でしょう。メールを開いたのであれば、必要な返信をただちにすることが、それにあたるかもしれません。

いま、その瞬間の〝当たり前のこと〟を見つめてみてください。それが、そのときにやるべきことです。ですから、それを無心でやればいいのです。

どんなときにもその流儀を貫いていけば、心をそのことに注ぎ込んでいくことができます。


いつでも〝当たり前のこと〟に目を向ける。

それがやるべきことを指し示してくれる。

無念無想《むねんむそう》

自分の心を縛っているさまざまなものから離れる、ということ。すると、心は清々しくなり、ゆとりも生まれる。

心を縛っているのは自我、我欲、執着、妄想……といったものです。これらを仏教では「煩悩《ぼんのう》」といっています。煩悩は焦りの原因にもなるのではないでしょうか。

自我は「自分が、自分が」という思いです。人より自分が前に立ちたい、自分の主張を通したい。心がそのことに縛られているわけですから、自分より前に出る人や自分の主張に反対する人が、我慢のならない存在にもなります。

たとえば、会議で自分が提案した企画に難色を示す人がいたとします。しかも、その反対意見がまっとうで正鵠《せいこく》を射《い》たものだったりすると、心は激しく乱れ、焦りをおぼえもするでしょう。

形勢挽回をはかって、必死に自分の意見の正当性を言い募る、といったことになる状況ですが、これは逆効果。たいがいは墓穴を掘ることになって、面目《めんぼく》を失う結果となるのがオチです。

儲け話などが持ち込まれたときに頭をもたげてくるのが我欲でしょう。「これでひと儲けしよう」という欲が焦りにつながる。いわゆる、功を焦ることになるわけです。

世の中にそうそううまい話などあるはずがないのですから、ここは冷静な頭でその真偽を判断する必要があるのですが、それができない。安易に話に乗ってしまい、取り返しがつかないことになったりもするのです。

自分をよく見せたいというのは、自分自身に対するゆがんだ執着といえるかもしれません。そのために手練手管《てれんてくだ》を弄《ろう》したとしても、本来の自分を見失っているわけですから、所詮、付け焼き刃でしかありません。

すぐに剝がれるのが付け焼き刃の悲しさ。よく見せたいという思惑はすっかり外れ、焦燥感に苛《さいな》まれることになります。

煩悩から離れるうえでもっとも有効なのは、なんといっても坐禅です。坐禅の境地を一言でいえば、とどまるものがなにもない、透き通った心になることだといっていいでしょう。

まさに「無念無想」です。もっとも、坐禅に取り組む際には、坐禅会などに参加して、適切な指導を受けることが必要です。自己流では正しい坐禅は身につきません。

坐禅に代わるものをあげるとすれば、先にお話しした丹田呼吸でしょうか。丹田から息を吐ききり、吸った息を丹田まで落とす。それを何回か繰り返していると、しだいに心の曇りが消えていきます。煩悩が薄らいでいくのです。

抑制が効いた自分でいるべき場面、冷静な判断が求められる状況、執着や妄想にとらわれそうな局面では、とくに意識して丹田呼吸をしましょう。

心が「無念無想」に近づいたら、ゆとりを持ってものごとを見ることができますから、焦ることもなくなります。

煩悩にとらわれた心は焦りにつながる。
丹田呼吸をして、心の曇りを消そう。

大道通長安《だいどうちょうあんにつうず》

悟り（長安）に至る大道《だいどう》（生き方）というものはない。そこへ向かうには、一歩一歩、いまいる道を踏みしめて、歩を刻んでいく。それこそが大道となる、ということ。

中国唐代に生きた趙州従諗禅師《ちょうしゅうじゅうしんぜんじ》は、ある修行僧にこう尋ねられます。

「悟りの境地を得るには、どのような修行をしたらいいのでしょうか？」

その答えが、この禅語でした。長安というのは、唐王朝時代の首都です。どの道も長安には通じているのだから、いずれは長安にたどり着く。どの道をいこうとも、そこで精一杯、全力を尽くしていれば、やがては、その道こそが「大道」となるのです。

もちろん、特別な修行の仕方があるわけでもありません。どんな方法であっても、ただひたすらコツコツと、真剣にやっていれば、路地のような細い道も、くねくねと曲がった道も太くなっていくのです。

人はともすると、自分が歩んできた「道」に迷いや焦りを感じます。

「同期で入社した同僚は、営業成績もよく、上司からのウケもいい。それに比べてオレは……。営業には向いていないのかもしれない。このままではどんどん同僚に置いていかれてしまう」

みずからの現状を嘆き、焦りを感じてしまうことは、誰にも一度や二度はあるのだと思います。

「もう間もなく四〇歳。出会いがないまま、この歳になってしまって、かなり焦っています。結婚はしたいし、子どもだって欲しい。でも、出会いがないんです。職場は女性中心だし、ホント、どうしたらいい？」

抱える悩みはさまざまです。焦りを感じる状況も、一人ひとり違うことでしょう。ここでちょっと考えてみてください。焦りは、どういった状況で生まれてくるのでしょう。

「この先」。つまり、目前の未来、少し遠い未来、さらにもっと先の未来……。さまざまな不安、焦りが生じるのは、「この先」が見通せないからではないでしょうか。その不安や焦りを解消するにはどうしたらいいか。「悟りへ至る修行にどんな方法があるのか？」と修行僧が趙州禅師に尋ねた心持ちが、まさにそこにあります。

未来に続く道（長安）は、まだ見えないかもしれません。確約されたものはない。だからこそ、歩みをとめずに前へと進むしかないのです。

ちょっと迷いながらでもいいのです。いまいる自分の居場所で、さまざまに模索しながら、挑戦をしながら、ときにへこんでも、そこを立て直す。それこそが「長安」への大道です。

人生に岐路はいくつもあります。迷いや焦りを抱くことによって、違う道を考えることもあるでしょう。それでも、まずは自分がいまいる立ち位置で踏ん張り、やるだけのことはやる。

「営業成績を上げることだけを考えていたけど、相手と〝対話〟することを楽しんだら、もっと違う営業のしかたが見えてくるかもしれない」

長安に通じる大道は、一生懸命に歩を進めるなかで、自分自身が開くものです。

成功につながっている大道があるわけではない。
いまいる道を踏みしめて、自分がそれを大道にする。

Column

焦っているときは腹を括る。それが能力向上につながる

時間に追われている、時間が足りない、という状況も焦りにつながりますが、もう一つ、自分の能力を超えるテーマを与えられたときも、焦りが生まれるのではないでしょうか。そこで考えるべきなのは、能力にどの程度の「プラスα」があれば、それをクリアできるかということです。

必要なプラスαが一五%、二〇%ということなら、わたしは自分にとっての新たな試みであると前向きに捉え、テーマに挑むのがいいと思っています。「できるだろうか？」と思うから焦るのです。「よし、やってみるぞ」と腹を括れば、挑戦心と意欲が焦りを消してくれます。

能力には伸びしろがあります。力を押し上げるには、新たな試みに踏み出し、それを着実にこなすしかありません。焦りを感じるような状況に直面したときは、試みるチャンスが来たと捉えたらいかがでしょう。チャンスなのですから、怯むことはありません。

おわりに

みなさんは、すでに本書で紹介した「禅語」を一つでも実践されたでしょうか。答えが〝YES〟という人は、自分にたしかな変化が起きているのを体感されているのではないかと思います。たとえば、

「怒りで我を忘れることがあったのに、腹が立っても冷静さを保つことができた」

「なににつけても焦ることが多かった自分が、いつでも落ち着いて対応できるようになった」

どこかでそんな経験をしているはずです。体感は次の実践へのモチベーションを高めてくれます。さあ、どんどん実践を積み重ねていきましょう。

そのうえで一つ、本書を終えるにあたって、大切な話をしたいと思います。しなやかな心、平常心を培っていく〝土壌〟についてです。

土壌になるのは「感謝」である、とわたしは思っています。感謝から一日をスタートさせ、感謝をもって一日を終える。わたし自身も朝はご先祖様を祀《まつ》っ

た仏壇の前で手を合わせ、心のなかで感謝の言葉を伝えます。

「今日も無事に目覚めることができました。ありがとうございます。この一日、一生懸命がんばります」

そして、就寝前にはご先祖様にその日の報告をするのです。

「お蔭様で一日無事に過ごせました。ありがとうございます」

人の心がいちばん素直になっているのは、感謝をしているときではないのでしょうか。感謝の思いが心にあふれていれば、悲しみや怒り、羨望や嫉妬、寂しさや焦り、といった感情は入り込んできません。

そうした感情にとらわれていたら、心からの感謝はできないのです。感情から離れた心がそこにあります。禅ではそれを〝まっさらな心〟と呼びますが、それこそが人が本来持っている心であり、しなやかな心、平常心の土壌となるものだ、とわたしは思っています。

朝晩の感謝は心をそのまっさらな心にリセットする〝儀式〟といってもいいでしょう。仏壇があればその前で手を合わせ、心を感謝でいっぱいにするのがいいのですが、この時代ですから、仏壇がある家庭は少ないかもしれません。

そうであったら、両親や恩師、お世話になった大切な人の写真でもいいではありませんか。あるいは、お寺や神社で受けたお札でもかまいません。部屋のどこかに小さな机を据えたり、棚を吊るなどして、場所を設け、そこにそれらを置いて、いつも小綺麗にしておく。

それが仏壇に代わる感謝を伝える場所、心をまっさらにリセットする場所になるはずです。そうして毎日、土壌を耕していけば、しなやかな心、平常心が培《つちか》われ、逞《たくま》しく育っていきます。

そして、禅語の実践がそれを磨き上げていきます。一人でも多くのみなさんが、本書とともにその道を歩んでくださったら、筆者としてそれ以上の喜びはありません。

合掌

二〇一八年一一月吉日　建功寺方丈にて　枡野俊明

枡野俊明（ますの・しゅんみょう）

1953年、神奈川県横浜市生まれ。曹洞宗徳雄山建功寺住職、庭園デザイナー、多摩美術大学環境デザイン学科教授。禅の思想と日本の伝統文化に根ざした「禅の庭」の創作活動で国内外から高い評価を獲得。2005年にカナダ政府よりカナダ総督褒章、2006年にドイツ連邦共和国功労勲章功労十字小綬章を受章。主な著書に『禅が教えてくれる　美しい人をつくる「所作」の基本』（幻冬舎）、『怒らない　禅の作法』（河出書房新社）、『心配事の９割は起こらない』（三笠書房）、『寂しさや不安を癒す　人生のくすり箱』（KADOKAWA／中経出版）他多数。

平常心《びょうじょうしん》の心得

2018年12月19日　　初版発行

著　者　枡野俊明
発行者　野村直克
発行所　総合法令出版株式会社
〒103-0001 東京都中央区日本橋小伝馬町 15-18
ユニゾ小伝馬町ビル９階
電話　03-5623-5121
印刷・製本　中央精版印刷株式会社

落丁・乱丁本はお取替えいたします。

ISBN 978-4-86280-652-9

総合法令出版ホームページ　http://www.horei.com/